목사가 목사에게

Pastor To Pastor

목사가 목사에게

교회 갱신을 위한 직분론 1

오 윤 표 지음

도서출판 세줄

인 사 말

어찌 생각하면 건방스럽고 어찌 생각하면 용감한 일이다. 감히 선배라고 하기에는 부끄럽고 후배라고 하기에는 모자람이 많다. 무엇을 해 놓았어야 할 말을 하지. 단지 쓰고 싶은 마음을 억제할 수 없었을 뿐이다.

이것이 나의 12권째 저서가 된다. 자비를 들여 출판하는 일도 처음이다. 그러나 한 걸음 뒤에 따라오는 후배들에게 꼭 하고 싶은 말들이다.

그렇다고 내가 실천했던 것을 쓴 것도 아니다. 나를 부르신 주께서 다시 기회를 준다해도 어쩔 수 없으리라. 부끄럽기 짝이 없다.

그러나 청운의 꿈을 품고 모교 교정을 나서는 젊은이들의 기를 꺾을 생각은 없다.

교회갱신을 위한 직분론 시리즈로

'1 목사가 목사에게'

'2 목사가 장로에게'

'3 목사가 집사에게' 를 쓰고 싶다.

그 첫 번째 권을 시도해 보았다.

내가 겪었던 것, 그리고 내가 생각했던 것들을 쓰고 싶었는데 참고서적을 뒤지다 보니 또 원치 않은 방향에서 머문 것들도 있다.

나는 긴 여행을 떠날 것이다. 진하고 긴 여행인데 3권을 마무리 하고 갈지 쓰다가 중간에 갈지 모른다. 기도하는 수밖에.

진리위에 선 교회, 내가 못다 한 사역이 잘 되기를 비는 마음 간절하다.

1

목사의 준비

어떤 사람은 "예수님이 고등학교를 다녔느냐 대학을 다
녔느냐. 성령의 능력으로 목회만 잘하면 되지. 꿩 잡는 게
매"라고 말한다. 이는 자기가 학문이 기준에 미치지 못함
을 변명하는 말이고 성도와 목회자들을 무시하는 말이다.
그가 일가견이 있는 목사가 되어 있는 것도 아니면서 감히
예수님을 붙잡고 늘어져 자기의 약점을 보완해 보려는 이
기심에서 나온 말이다.

01 주님은 지혜(智慧, the wisdom)를
베푸시는 분이다

예수님은 지혜를 만드신 분이다. 예수님 자체가 지혜이
고 지혜의 근본이다. 지혜는 하나님의 속성이다.

"깊도다. 하나님의 지혜와 지식의 풍성함이여, 그의 판
단은 헤아리지 못할 것이며 그의 길은 찾지 못할 것이로다
(롬11:33)."

하나님의 속성을 말할 때 지혜를 공유적(共有的)인 속성
에 해당된다고 말한다. 지식은 연구에 의하여 후천적으로
취득하나 지혜는 천부적인 것으로 사물의 직관적 통찰력
이기 때문에 영원하다(박형룡, 교의 신학(구판) 2권 p142).

야고보 사도는 이렇게 말하였다. "너희 중에 누구든지
지혜가 부족하거든 모든 사람에게 후히 주시고 꾸짖지 아
니하시는 하나님께 구하라 그리하면 주시리라(약1:5)."

예수님은 하늘의 지혜 자체이므로 세상 지혜를 더 받을
필요가 없다.

지혜를 지니신 분이고 지혜를 베푸시는 분이고 지혜로 다스리시는 분이다.

예수님이 열두 살 때에 성전에서 랍비들과 토론할 때 노학자들과의 문답에서 조금도 부족하지 않았다.

부모는 소년 예수가 동행중에 있는 줄로 생각하고 하룻길을 간 후 친족과 아는 사람들 중에 있지 않음을 알고 찾으면서 예루살렘에 되돌아갔다. 사흘 후에 성전에서 만난 예수님은 선생(랍비)들과 함께 앉아 듣기도 하시며 묻기도 하시니 듣는 자가 다 그 지혜와 대답을 놀랍게 여겼다(눅 2:43-47). 듣는 사람들은 물론 부모도 놀랐다. 그의 부모가 보고 놀라며 그의 어머니는 "아이야 어찌하여 우리에게 이렇게 하였느냐 보라 네 아버지와 내가 근심하여 너를 찾았노라."고 할 때에 "어찌하여 나를 찾으셨나이까. 내가 내 아버지 집에 있어야 될 줄을 알지 못하셨나이까?"라고 하였다.

물론 인간으로 태어나셨기 때문에 육체의 정상적인 성장 방법과 같이 지혜도 성장하였다. 예수는 지혜와 키가 자라가며 하나님과 사람에게 더욱 사랑스러워 가셨다(눅 2:52).

하나님의 지혜에 있어서는 이 세상이 자기 지혜로 하나님을 알지 못한다(고전1:21).

하나님은 욥에게 이렇게 말씀하셨다. "누가 지혜로 구름의 수를 세겠느냐 누가 하늘의 물주머니를 기울이겠느냐(욥38:37)." 욥은 할 말을 잃었다.

예수님은 지혜를 배우지 않으셔도 되었다. 그러나 사람들과 같이 정상인의 길을 걸었다.

02 당시의 학제는 지금과 같지 않았다

지금은 초등학교, 중등학교, 고등학교, 대학교 이렇게 편제가 되어 있으나 예수님 당시에는 지금과 같은 학제나 시설이 없었을 뿐 아니라 유대인의 전승을 배우고 그들의 학문을 익히는 것이 최고의 교육방법이었다. 그래서 부모님 밑에서 율법이나 탈무드 혹은 전승을 배우는 것으로 만족하였다.

"이스라엘아 들으라. 우리 하나님 여호와는 오직 유일한 여호와이시니 너는 마음을 다하고 뜻을 다하고 힘을 다하여 네 하나님 여호와를 사랑하라 오늘 내가 네게 명하는 이 말씀을 너는 마음에 새기고 네 자녀에게 부지런히 가르치며 집에 앉았을 때에든지 길을 갈 때에든지 누워 있을 때에든지 일어날 때에든지 이 말씀을 강론할 것이며 너는 또 그것을 네 손목에 매어 기호를 삼으며 네 미간에 붙여 표로 삼고 또 네 집 문설주와 바깥문에 기록할지니라(신6:4-9)."

전통을 중요시하는 랍비에게 잘 배우며 보모님에게 배우는 것이 지금의 대학보다도 깊이가 있고 권위가 있었다. 바울은 가말리엘의 문하에서 학문을 익혔는데 철학의 도시 아테네 사람들도 그의 학문을 따라 가지 못하였다.

03   목사는 학문과 교양을 철저히 준비하여야 한다

목사는 풍부한 지식과 학문과 신앙으로 철저한 교육을 받아야 정상적인 목사가 될 수 있다. 옛날에는 교인들의 학문 수준이 높지 않음으로 목사가 성경학교나 중등학교만 다녀도 교인들을 가르칠 수 있었다. 그러나 지금은 교인들 중 대학을 나온 분들이 대부분인데 이들 앞에 설 때에 사회 학문과 교양이 모자라면 은혜를 전달하는 그리스도의 통로로는 부족하다.

근래에 목사가 좋게만 보였든지 미급한 학문 위에 간신히 목사라는 칭호를 얹어 놓고 보면 교인 들을 지도하기에 많은 부족함을 느끼는 경우가 있다.

목회자로써 학식이 부족하면 늦더라도 학문을 갈고 닦아서 바른 목회자의 길을 가든지 아예 성직자의 길에 발을 들여 놓지 말 일이지 어중간하게 목사가 되어 주님의 교회에 부끄러움을 주고 성도를 고통스럽게 해서는 안 된다.

교회나 목회자의 각종 비리가 발생함으로 세상의 지탄

이 되고 있다.

예수의 이름으로 몇 교회가 모여서 집단을 만들고 교사(校舍)나 교수 등 자격도 갖추지 못한 신학교를 만들어 어중간한 목사를 양산하는 총회들과 여기에서 신학을 이수하여 목사의 탈을 쓰고 한국교회를 어지럽히는 이들에게 하나님의 준엄한 심판이 있을 것이다.

교파에 따라 다르겠지만 필자가 소속한 대한예수교장로회는 초, 중, 고, 대학 4년 후에 3년의 신학대학원을 이수하고 2~3년의 수련(강도사 혹은 준목) 기간을 거친 후 노회에서 시행하는 목사 고시에 합격하고 안수를 받아야 한다.

미국에서는 목사라고 하면 석사(碩士) 이상의 학위를 지닌 분으로 누구나 대학에서 강의를 할 수 있는 자격자다. 목사의 후드나 가운 역시 석사가 입는 것이다. 담임 목사로 10년을 무탈하게 목회하면 목회학 박사를 준다.

목사는 잘 다져진 학문과 교양 위에 세움을 입어야 한다. 그래야 주님의 양떼를 잘 인도할 수 있다. 그리고 목사가 된 이후에도 계속하여 연구하고 노력하여야 한다.

2

목사의 교양

01   목사의 교양은 목회자의 기본이다

목사는 필요한 지식 외에 교양이 있어야 한다. 목사가 평범한 예의범절이나 일반 상식 정도에도 몰상식하다고 하면 누가 지도자로 존경할 것이며 그를 통하여 주시는 하나님의 금과옥조(金科玉條)를 여과 없이 받겠는가? 물론 모든 학문에 통달한 사람이 되라는 말은 아니다.

목사는 설교 뿐 아니라 사회생활, 심방, 행정, 대인관계 등이 고상한 인격 위에 세워져야 한다. 지성(知性), 감정(感情), 의지(意志) 이 세 요소를 인격의 3요소라고 한다. 이것은 또한 신앙인의 3요소이기도 하다. 이 3요소는 천부적인 것도 있지만 후천적으로 자기 성찰(省察)과 연마(研磨)에 의하여 형성된다.

성경은 인격의 3요소가 교양을 쌓고 훈계를 받음으로 이루어진다고 말한다.

"훈계를 굳게 잡아 놓치지 말고 지키라. 이것이 네 생명이니라(잠4:13)."

집은 튼튼한 기초위에 세워져야 한다.

02 박형룡 박사는 이렇게 말하였다

인간이 되어라!

신자가 되어라!

성자가 되어라!

학자가 되어라!

목사가 되어라!

교회에서 나이 많은 장로님들에게 듣는 가장 큰 불만은 젊은 목사가 예의가 없다는 말이다. 목사는 당회장이니까 순종하라고 하지만 목사는 하나님이 권위를 세워 주실 때에 권위가 있는 법이다. 하나님이 그의 인품과 인격을 아직 갈고 닦고 있는 과정인데 스스로 목사라는 직함을 이용하여 교인 위에 서려고 하는 것은 교양 없는 일이다.

목사는 권위가 있어야 한다. 이는 하나님이 인정하셔야 하고 많은 사람 앞에 돋보이게 해 주셔야 한다. 그러나 목사의 권위는 언행일치에서 이루어진다. 이를 위하여 목사는 피나는 노력과 기도를 필요로 한다.

"누구든지 네 연소함을 업신여기지 못하게 하고 오직 말과 행실과 사랑과 믿음과 정절에 있어서 믿는 자에게 본이 되어 내가 이를 때까지 읽는 것과 권하는 것과 가르치는 것에 전념하라(딤전4:12-13)."

교인들은 모두 주 안에서 형제요 자매요 부모다.

"늙은 여자에게는 어머니에게 하듯 하며 젊은 여자에게는 온전히 깨끗함으로 자매에게 하듯 하라(딤전5:2)." 오직 주의 교훈과 훈계로 양육해하라(엡6:4).

'하나님의 양을 맡은 목자들은 주장하는 자세로 하지 말고 오직 양 무리의 본이 되라(벧전 5:3)' 고 하였다.

목사의 권위를 내 세우기 전 교인들이 인정하는 온유와 겸손을 지닌 사람이 되어야 한다. 주님은 "나는 마음이 온유하고 겸손하니 나의 멍에를 메고 내게 배우라(마11:28)" 고 하셨다. "긍휼과 자비와 겸손과 온유와 오래 참음을 옷 입으라(골3:12)." "모든 겸손과 온유로 하고 오래 참음으로 사랑 가운데서 서로 용납하라고(엡4:2)." 고 하셨다.

주의 종은 마땅히 다투지 아니하고 모든 사람에 대하여 온유하며 가르치기를 잘하며 참으며 거역하는 자를 온유함으로 훈계해야 한다(딤후 2:24).

3

목사의 소명

01 두 가지 소명

기독교인은 하나님으로부터 소명(召命, calling)을 받는
다. 성경에서는 죄인을 인도하여 그리스도인이 되게 하는
신적사역(神的事役)의 시작을 소명(the Vocation or Calling)
이라고 하였다.

바울은 자기가 부름 받은 것은 오직 하나님의 은혜라고
하였다(갈 1:15). 그래서 그는 '부르심을 입은 자' 라는 말
을 자주 사용하였다(롬 1:6, 7, 8:30, 고전 1:2, 24, 26, 갈 1:6, 엡
4:1, 살후 2:14 딤후 1:9).

베드로는 영원한 영광에 들어가게 하시려고 부르셨다고 하였다(벧전 2:9, 5:10, 벧후 1:3).

히브리서 기자는 성도들을 "하늘의 부르심을 입은 거룩한 형제들(히 3:1)" 이라고 하였다.

요한은 "부르심을 입고 빼내심을 받은 진실한 자들(계 17:14)" 이라고 하였다.

이것이 구원과 관계되는 초기의 부르심이다.

그러나 또 하나의 소명(召命)이 있는데 그것은 사역을 맡기 위한 부르심이다.

이것은 음성으로 부르는 것(요 10:3, 막 1:20)이요, 그의 권위로 호출(呼出)하고(행 4:18, 24:2), 그의 거룩한 사역에 초청하여(마 22:39:13) 직무를 감당하게 하는 것이며(히 5:4) 그렇게 부르시는 것이다(마 1:21).

본문에서는 주로 이것을 말하는데 신약에 11번 그 용어가 사용되었다. 이것은 성령의 유효적인 소명을 의미하고 직업, 상사(商事)의 동의어로 사용된다(박형룡, 교의신학 구판 5권, pp112-112).

하나님의 일을 하도록 하기 위하여 성부와 성자와 성령으로부터 부름 받아 확고한 신념과 굳은 의지로 평생 주의 일을 감당하게 되는데 이것에 의하여 주의 일을 할 수 있다. 이것은 천부적인 소질이나 취득한 지식과는 다르다. 물론 은사가 있어야 하지만 하나님이 힘주시면 주의 일을 할 수 있다.

"내가 나 된 것은 하나님의 은혜로 된 것이니 내게 주신 그의 은혜가 헛되지 아니하여 내가 모든 사도보다 더 많이 수고하였으나 내가 한 것이 아니요 오직 나와 함께 하신 하나님의 은혜로라(고전15:10)."

02 사역을 위한 소명을 구별하는 방법

학자들은 외적인 소명과 내적인 소명이 있다고 한다.

외적인 소명은 주의 일을 하고 싶은 마음이나 조건이 성숙되는 것이다. 언어와 체질과 환경과 전망이 주의 일을 할 자임을 깨닫게 하는 것이다. 다른 일 하는 것보다 주의 일을 하는 것이 더 기쁘고 보람을 느끼고 피곤하지 않다. 무엇보다도 힘들고 어려운 일이지만 주의 일을 하면 능률이 오른다.

물론 다른 일을 다 실패하고 나서 주의 일을 함이 소명이라고 하는 것은 지당치 않다.

내적 소명은 하나님의 말씀을 깨닫고 구원의 확신과 십자가의 능력이 실감 있게 모든 인격을 지배하여 그 일을 하지 않으면 견딜 수 없는 충동을 말한다.

그 예를 바울 사도에게서 발견하게 된다. 바울은 이렇게 말하였다.

"우리가 하나님과 함께 일하는 자로서 너희를 권하노니 하나님의 은혜를 헛되이 받지 말라. 이르시되 내가 은혜 베풀 때에 너에게 듣고 구원의 날에 너를 도왔다 하셨으니 보라 지금은 은혜 받을 만한 때요 보라 지금은 구원의 날이로다.

우리가 이 직분이 비방을 받지 않게 하려고 무엇에든

지 아무에게도 거리끼지 않게 하고 오직 모든 일에 하나
님의 일꾼으로 자천하여 많이 견디는 것과 환난과 궁핍과
고난과 매 맞음과 갇힘과 난동과 수고로움과 자지 못함과
먹지 못함 가운데서도 깨끗함과 지식과 오래 참음과 자비
함과 성령의 감화와 거짓이 없는 사랑과 진리의 말씀과
하나님의 능력으로 의의 무기를 좌우에 가지고 영광과 욕
됨으로 그러했으며 악한 이름과 아름다운 이름으로 그러
했느니라 우리는 속이는 자 같으나 참되고 무명한 자 같
으나 유명한 자요 죽은 자 같으나 보라 우리가 살아 있고
징계를 받는 자 같으나 죽임을 당하지 아니하고 근심하는
자 같으나 항상 기뻐하고 가난한 자 같으나 많은 사람을
부요하게 하고 아무 것도 없는 자 같으나 모든 것을 가진
자로다.(고후 6:1-10).

고린도후서 11장 24-26절에는 "유대인들에게 사십에
하나 감한 매를 다섯 번 맞았으며 세 번 태장으로 맞고 한
번 돌로 맞고 세 번 파선하고 일주야를 깊은 바다에서 지냈
으며 여러 번 여행하면서 강의 위험과 강도의 위험과 동족

의 위험과 이방인의 위험과 시내의 위험과 광야의 위험과 바다의 위험과 거짓 형제 중의 위험을 당하고 또 수고하며 애쓰고 여러 번 자지 못하고 주리며 목마르고 여러 번 굶고 춥고 헐벗었노라" 고 하였다.

필자의 한 친구는 공군 파일럿으로 전역을 하였는데 KAL과 Asiana에서 제시하는 수억의 연봉을 뿌리치고 목회자의 길을 선택하였다.

하나님은 크게 투자하는 사람의 기도를 응답하시며 큰 열매가 있게 하신다. 우리 총회 총회장을 했던 윤봉기 목사님은 절간에서 돌아와 목사가 되었고 부산 백영희 목사님은 시골의 양조장을 하다가 부름을 받고 양조장 문서를 몽땅 들고 와 교회에 바치고 신학교를 갔다.

♬♪ 부름 받아 나선 이 몸 어디든지 가오리다.
괴로우나 즐거우나 주만 따라 가오리니
이름 없이 빛도 없이 아낌없이 섬기리다.
아낌없이 섬기리다.

03   언제 부르심을 받는가?

디모데는 어머니가 신자였기 때문에 뱃속에서부터 부르심을 입었다.

"네 속에 거짓이 없는 믿음은 먼저 네 외조모 로이스와 네 어머니 유니게 속에 있더니 네 속에도 있는 줄을 확신하노라(딤후 1:5)."

사무엘은 하나님께 바쳐져 성전의 법궤 밑에서 잠자다가 하나님의 음성을 들었다(삼상 3:10-).

바울은 예수 믿는 자를 핍박하기 위하여 다메섹으로 가다가 주님의 음성을 들었다(행 9장).

정상적인 신자라고 하면 하나님의 소명을 거절할 수 없다. 물론 능력의 크기나 한계는 나중일이다.

베드로전서 1장 3-4절에서 베드로는 "찬송하리로다. 우리 주 예수 그리스도의 아버지 하나님이 그 많으신 긍휼대로 예수 그리스도의 죽은 자 가운데서 부활하심으로 말미암아 우리를 거듭나게 하사 산 소망이 있게 하시며 썩지 않고 더럽지 않고 쇠하지 아니하는 기업을 잇게 하시나니 곧 너희를 위하여 하늘에 간직하신 것이라” 했다.

창세전에 구원자로써 부르심을 받고 살면서 필요한 시기에 불러서 주의 종을 삼는다.

고린도전서 15장 10절에서 바울은 “내가 나 된 것은 하나님의 은혜로 된 것이니 내게 주신 그의 은혜가 헛되지 아니하여 내가 모든 사도보다 더 많이 수고하였으나 내가 한 것이 아니요 오직 나와 함께 하신 하나님의 은혜로라” 고 했다.

나를 불러 구원자의 반열(班列)에 세운 것은 하나님의 예정이요, 나 같은 죄인이 구원 받는 것도 하나님의 은혜다.

그러므로 하나님이 주신 사도직을 성실히 감당하다가 주 앞에 가야한다.

4

목사의 장립(將立)

01 목사는 안수임직 된다

소정의 과정(초. 중. 고. 대학과 신학대학원)을 마친 후보생은 노회(老會) 혹은 연회에서 목사고시를 통과하여 안수 임직한다.

시험과목은 성경은 물론 직분론, 교회정치(교회헌법),교리(대교리문답, 소교리문답, 신앙고백서), 논문과 문답, 실제 설교 등을 시취한 후 문답을 거쳐 목사로서의 실력과 자질이 있다고 생각할 때 안수 임직한다.

구약 때의 종신직 직종은 기름을 부었다. 기름 붓는 직종은 왕, 선지자, 제사장은 한번 기름을 부으면 그 효력이 평생 유효할 뿐 아니라 세습된다.

신약에서는 머리에 손을 얹어 기도하는 안수(按手)를 하였다. 그렇다고 구약 때와 같이 세습되는 것은 아니다. 안수임직은 구약의 기름 붓는 임직식과 같이 엄숙하고 거룩하게 진행되어야 한다. 안수는 노회의 공석상(公席上)에서 안수위원이 베풀며 오지에서 베푸는 안수식은 선교사(목사) 3인 이상이 모여 안수위원이 구성되어 할 수 있다.

목사 안수는 평생 돌이킬 수 없는 고로 기도하고 신중히 해야 한다.

이 때 안수 위원 중 집례자(노회장)는 이렇게 묻는다.

1 신구약 성경은 하나님의 말씀이요, 신앙과 본분에 대하여 정확무오한 유일의 법칙으로 믿느뇨?
2 본 장로회 신조와 웨스트민스터 신앙고백과 대소교리문답은 신구약 성경의 교훈한 도리를 총괄한 것으로

알아 성실한 마음으로 받고 믿느뇨?

3 본 장로교 정치와 권징조례와 예배 모범을 정당한 것
으로 승낙하느뇨?

4 주안에서 동역자된 형제자매와 한마음으로 협력하기
로 맹세하느뇨?

5 목사의 성직을 구한 것이 하나님을 사랑하는 마음과
독생자 예수의 복음을 전하여 하나님의 영광을 나타
내고자 하는 본심에서 발생한 줄로 자인하느뇨?

6 어떠한 핍박이나 반대를 당할지라도 인내하고 충성스
러운 마음으로 복음의 진리를 보호하며 교회의 성결
과 화평을 힘써 도모하며 성실하게 수행할 것을 작정
하느뇨?

7 신자요 겸하여 목사가 되었은즉 자기의 본분과 다른
사람에 대한 의무와 직무에 대한 책임을 성실히 실행
하여 죽음을 영화롭게 하며 하나님이 그대에게 명하
여 관리하게 하신 교회 앞에 경건한 모범을 보이기로
맹세하느뇨?

해당자가 모두 '예' 라고 대답하면 "성령의 도우심 가운데 성실히 지켜지기를 바랍니다." 하고 안수 위원들이 등단하여 머리에 손을 얹고 기도 한다.

안수가 끝나면 안수 위원들과 악수하고 자리로 돌아간다. 집례자(노회장)는 "내가 교회의 머리되신 주 예수 그리스도의 이름과 노회의 권위로 ○ ○ ○ 씨가 대한예수교장로회 ○ ○ 노회 목사된 것을 공포하노라." 라고 선포하고 선배로 하여금 권면토록 한다.

목사는 노회의 안수로 장립을 받아 복음을 전파하며, 성례를 집례하고, 교인을 축복하고 장로와 협력하여 교회를 다스린다.

목사에 대한 호칭

1 그리스도의 양무리를 감시하는 자이므로 감독(監督)이라고 한다(행20:28).

2 신령한 양식으로 양무리를 먹이므로 목자 또는 목사

라고 부른다(엡4:11, 렘3:15, 벧전5:2-4).

3 양무리의 본이 되고 그리스도의 집과 그 나라를 치리
하는 자이므로 장로라고 한다(벧전5:1-3).

4 그리스도를 위해 봉사하므로 그리스도의 종 혹은 사
역자(使役者) 라고 한다(고후3:6).

5 하나님이 보내신 자이므로 교회의 사자(使者)라고 한
다(계2:1).

6 하나님의 뜻을 전파하며, 그리스도로 말미암아 하나
님과 화목하도록 권하는 자이므로 그리스도의 사신이
라고 한다(고후5:20 엡6:20).

7 바른 교훈으로 권면하며 거역하는 자를 책망하여 깨
닫게 하는 자이므로 목회자 또는 교사라 한다(딤전2:7,
딤후1:11, 딛1:9).

8 구원의 복된 소식을 전하는 자이므로 전도자라 한다
(딤후4:5).

9 하나님의 비밀을 맡은 자이므로 청지기라고 한다(눅
12:42, 고전4:1-2).

목사의 직무에 따른 호칭

1 **위임 목사**: 청빙을 받아 노회의 허락으로 교회를 위임 받은 담임 목사

2 **전임 목사**: 개체교회의 청빙을 받아 노회의 허락으로 교회를 시무하는 목사

3 **부목사**: 담임 목사를 보좌하는 임시 목사

4 **전도목사**: 노회의 허락으로 특수한 곳에 파송되어 교육하고 전도하는 목사

5 **기관목사**: 신학교, 병원, 각종학교, 기타 기관에서 가르치고 전도하는 목사

6 **군종목사(군목)**: 총회의 허락으로 군부대에 파송되어 전도하는 목사

7 **선교사**: 타민족이나 타문화 권에 파송되어 전도하는 목사

8 **무임목사**: 아직 정년이 되지 않았으나 일정한 시무처가 없는 목사

9 **은퇴목사**: 정년이 되었거나 특수한 사정으로 퇴임한
목사

10 **원로목사**: 한 교회에서 20년 이상 시무한 목사가 그
교회의 원로로 추대된 목사

목사가 교회를 사임하지 않았어도 안식년 혹은 특수한 사정으로 사역을 수행할 수 없을 때에는 휴무할 수 있다. 다만 6개월 이상 휴무할 경우에는 노회의 허락을 받아야 한다.

목사의 직무

1 교인을 위하여 기도한다.

2 하나님의 말씀을 봉독하고 설교한다.

3 불신자를 전도 교육하여 세례를 베푼다.

4 은혜의 방편인 성례를 집례 한다.

5 하나님의 사자로 축복한다.

6 교인을 말씀으로 교육한다.

7 교인을 심방하여 돕는다.

8 열심히 전도하여 하나님의 교회를 튼튼히 가꾼다.

9 장로와 협력하여 교회를 치리한다.

02 목사의 자기 성찰(省察)

목사의 직무는 정년이나 질병이나 기타 사정에 따라 중단될 수 있으나 호칭은 평생을 가는 거룩한 성직이다. 한번 안수 받으면 돌이킬 수 없는, 직책이므로 이 직무를 성실히 수행할 수 있도록 기도하고 삼가 조심해서 수행해야 한다.

디모데전서 4장 11-17절에 "너는 이것들을 명하고 가르치라. 누구든지 네 연소함을 업신여기지 못하게 하고 오직 말과 행실과 사랑과 믿음과 정절에 있어서 믿는 자에게 본이 되어 내가 이를 때까지 읽는 것과 권하는 것과 가르치는 것에 전념하라. 네 속에 있는 은사 곧 장로의 회에서 안수 받을 때에 예언을 통하여 받은 것을 가볍게 여기지 말며 이 모든 일에 전심전력하여 너의 성숙함을 모든 사람에게 나타나게 하라. 네가 네 자신과 가르침을 살펴 이 일을 계속하라. 이것을 행함으로 네 자신과 네게 듣는 자를 구원하리라." 고 했다.

목사가 장립 받는다고 모든 것이 다 되는 것은 아니다. 계속하여 기도하고 열심히 노력함으로 자신과 교회에 유익이 되도록 하여야 한다.

"망령되고 허탄한 신화를 버리고 경건에 이르도록 네 자신을 연단하라. 육체의 연단은 약간의 유익이 있으나 경건은 범사에 유익하니 금생과 내생에 약속이 있느니라(딤전4:7-8)."

이와 같이 목사는 직무도 많고 의무조항도 많다.

그러나 성령의 도우심 가운데 이 모든 일을 감당할 수 있다. 평신도 때도 그랬거니와 성령님을 더욱 의지하여야 한다. 잘한 사람은 아름다운 지위와 큰 담력을 얻는다.

5

목사의 예배

01 예배학의 신학적 고찰

목사가 장립을 받았으면 당면한 문제가 예배를 인도하는 일이다. 예배는 목사가 당연히 해야 되는 일이고 주 업무다. 본래 '예배학'은 학문이 아니었다. 예배는 교회 행사의 한 분야인데 모든 것을 학문화함에 있어서 '예배학'이라고 부른다.

'예배학'은 예배에 대한 전부를 역사적으로 또는 신학적으로 연구하는 학문을 말한다. '예배학'이 처음 나타난 것은 1863년 닐레(J. M. Neale)의 『예배학과 교회사에 대한

에세이(Essays on Liturgiology and Church History)』라는 책에 쓰이기 시작한 때부터이다(정성구, 실천신학 개론, 총신대출판부, 서울 동작구 사당동 31-3, p 145).

이에는 포괄적으로 세례, 신앙고백, 회개기도, 설교, 성찬식, 찬양 등을 포함하고 또 다른 면으로는 일반 예배의 순서와 성례전, 그리고 예배자의 생활 까지를 포함한다.

개혁파교회에서는 요한복음4장21-23절과 로마서12장1절에 따라 경건한 생활을 바탕으로 두고 있다.

장로교의 '예배예전' 은 하나님께 드리는 것이 있고 받는 것이 있는데 예배는 드리는 것이요 또한 받는 것이다.

성경에 충성해야 구원 얻는다고는 말하지 않았다. 그러나 예배에 대해서는 누차 강조를 하였다.

"여호와의 눈은 온 땅을 두루 감찰하사 전심으로 자기에게 향하는 자들을 위하여 능력을 베푸신다(대하16:9)."

02 성경의 예배

예수님께서 수가성 여인에게 물을 달라고 했을 때 사마리아 여자가 "당신은 유대인으로서 어찌하여 사마리아 여자인 나에게 물을 달라 하나이까?" 하고 되물었다. 예수께서 "네가 만일 하나님의 선물과 또 네게 물 좀 달라 하는 이가 누구인 줄 알았더라면 네가 그에게 구하였을 것이요 그가 생수를 네게 주었으리라."고 하여 예배의 대상을 소개한다.

하나님의 선물은 구원이고(엡2:8), 예수님은 예배의 대상이다.

예수께서 "이 물을 마시는 자마다 다시 목마르려니와 내가 주는 물을 마시는 자는 영원히 목마르지 아니하리니 내가 주는 물은 그 속에서 영생하도록 솟아나는 샘물이 되리라."고 하자 여인이 말을 듣고 "주여 그런 물을 내게 주어 목마르지도 않고 또 여기 물 길으러 오지도 않게 하옵소서." 라고 한다.

그리고 예배의 본질에 대하여 묻는다. 여인의 관심은 유대인과 사마리아인의 차이였다. 그 중에서 가장 큰 것은 예배다.

"우리 조상들은 이 산에서 예배하였는데 당신들의 말은 예배할 곳이 예루살렘에 있다 하더이다.(요4:20)"고 하자 예수님이 "여자여 내 말을 믿으라. 이 산에서도 말고 예루살렘에서도 말고 너희가 아버지께 예배할 때가 이르리라. 너희는 알지 못하는 것을 예배하고 우리는 아는 것을 예배하노니 이는 구원이 유대인에게서 남이라. 아버지께 참되게 예배하는 자들은 영과 진리로 예배할 때가 오나니 곧 이 때라 아버지께서는 자기에게 이렇게 예배하는 자들을 찾으시느니라. 하나님은 영이시니 예배하는 자가 영과 진리로 예배할지니라(요4:21-24)." 이것이 예배에 대하여 직접적으로 한 말의 효시다.

"너희 몸을 하나님이 기뻐하시는 거룩한 산 제물로 드리라. 이는 너희가 드릴 영적 예배니라." 라고 하여 영적 예배를 정의해 놓고 "너희는 이 세대를 본받지 말고 오직 마음을 새롭게 함으로 변화를 받아 하나님의 선하시고 기뻐하시고 온전하신 뜻이 무엇인지 분별하도록 하라.” 이것이 예배의 범위다(롬12:1-2).

예배는 우리 기독교에서만 행해지는 것이 아니다. 용어는 달리해도 불교나 가톨릭이나 이슬람교에서도 행해진다. 그러나 이들에게는 하나의 의식일 뿐 우리와 같이 인격적인 유일신 하나님께 드리는 봉헌이 아니다.

기독교의 예배는 철저하게 하나님 중심이 되어야 한다.

그러므로 예배학의 근거는 기독론적이어야 한다. 예배신학의 전제로 예배에 있어서 모든 분야는 성령의 사역이다. “예배는 지고자에게 찬양과 고백과 기도와 감사와 같은 것으로 신 앞에 존귀와 숭배를 드리는 것이다.”“예배는 신자의 새생명활동인데 예수 그리스도의 인격에 나타난 신격인 충만과 그의 강력한 구속의 행위를 깨닫고 성령의 능력으로 그에게 합당한 영광과 존귀와 복종을 하나님께 드리는 행위이다.”

03   예배의 필수 조건

예배는 말씀, 은혜, 긍휼, 축복을 받으며 봉헌, 감사, 찬양, 성찬까지를 올리는 완전한 의식이다. 그러므로 '예배하는 자' 즉 인격적인 경배자는 '신령과 진정'의 자세로 임해야 한다.

예배는 주 예수 그리스도로 시작되며 주 예수께 영광 돌리는 순서로 짜여야 한다. 그리고 이 모두를 통하여 하나님께 영광을 돌린다.

예배는 모든 순서에 균형이 맞아야 하고 짜임새가 있어야 한다.

혹 설교가 길든지, 찬양 시간이 많든지, 기도가 여러 번이 될 수는 있어도 한 순서를 생략하거나 중복되거나 중첩되지 않도록 세심한 관심을 기울여야 한다.

최근에 들어와서 예배를 마치 교회의식의 한 형식으로 보거나 자기의 위로 받기 위한 한 방편으로 생각하는 것은 불경하기 짝이 없는 일이다.

예배라는 형식을 통하여 감정의 변화를 받고 위로를 받고 "오늘 예배에 은혜 받았다." 혹은 "오늘 예배 좋았다."고 말하는 것은 넌센스다.

또한 높은 위치에 있는 강단에서, 온 청중의 집중을 받아 쇼를 하고 내려오는 것은 불경(不敬)하기 짝이 없는 일이다.

예배는 경건하게 진행되어야 한다. 예배는 인격적인 하나님께 영광 돌리며 그 하나님에게 넘치는 은혜와 축복을 받는 유일한 의식이다.

이제 목사가 되어 예배의 주관자가 되었으니 너무나 감사한 일이다. 그러므로 조심스럽게 예배를 진행해야 한다. 예배는 받는 것이 아니라 드리는 것이다.

기독교는 모든 것을 예배로 진행한다.

결혼식, 장례식, 모든 축하의식, 모든 행사, 모든 회의가 예배로 시작되고 예배로 끝난다. 모든 기독교의식의 알파와 오메가인 예배를 집례하게 되었으니 그 제사장적 직무가 중요한 줄 알아 성실히 수행하여야 한다.

6

목사의 설교

01 설교의 정의와 일반론

'설교는 목회의 꽃이다.'는 말이 있다.

헤릭 존스(Dr. Herrik Johns) 박사는 설교를 정의하기를 "설교는 하나님의 말씀에 기초하고 사람을 구원하려는 계획과 목적하려는 목표에서 사람을 감동하도록 권면하는 종교적 강화이다.(곽안련, 설교학, 대한기독교서회,1988, p16)" 고 하였다.

설교 연구가 니젤(William Niessel)은 "말씀의 설교는 바로 하나님의 말씀이다."고 하였다. 설교는 역사적인 요소,

기술적인 요소, 교리적인 요소를 필수로 한다(정성구, 실천
신학개론, 총신대출판부, 1988, p111).

설교는 선포적인 요소와 신앙자 양성과 치유적인 기능
을 가지고 있다.

목회 현장에서 바른 설교가 없이는 바른 목회를 기대할
수 없다.

설교는 목사의 성경에 대한 지식과 교인들을 향한 심리
학, 철학, 목회학 등 모든 학문과 충성심과 신앙이 용해되
어 흐르는 대하(大河)의 물결과 같다.

설교는 성경에 바탕을 두고 기도와 묵상으로 구상되어
야 한다.

물론 그 목표를 달성하기 위하여 여러 가지 학문이나 지
식이 총동원 되어야겠지만 그렇다고 설교자의 지식자랑이
나 단순한 성경말씀 소개나 고전의 연구발표로 끝나서는
안 된다.

대설교가일수록 많은 시간을 설교준비에 바친다.

하나님의 말씀을 함께 받고 함께 고민하고 함께 깨닫고

함께 기뻐해야 한다.

설교자는 기도하는 중에 계시의 진리를 깨달아 하나님의 주시는 바 은혜가 잘 전달 될 수 있도록 해야 한다.

설교는 제사장적인 긍휼과 예언자적인 통찰력과 왕 같은 권위가 있어야 한다.

주님은 멸망하게 되는 예루살렘을 향하여 울었다(마 23:37). 그리고 그 백성에게 간절히 호소하였다. 시험에 들거나 육신이 연약하여 기도에 동참하지 못하는 제자들을 책망하지 않고 온유한 심령으로 그들을 믿음의 자리로 초청하였다(마11:28-30).

"사람이 만일 무슨 범죄한 일이 드러나거든 온유한 심령으로 바로잡고 너 자신을 살펴보아 너도 시험을 받을까 두려워하라(갈6:1)."고 하였다.

"오직 마음에 숨은 사람을 온유하고 안정한 심령의 썩지 아니할 것으로 하라(벧전3:4)"고 하였다.

02 설교는 조심스럽게 해야 한다.

강도상(講道床)은 목사가 스트레스를 풀거나 맺힌 마음을 하나님의 말씀으로 포장하여 쏟는 장소가 아니다. 설교는 설교자가 농담이나 쇼를 하여 청중을 자극하는 장소가 아니다.

설교는 설교자가 흥미 있는 볼거리를 제공함이 아니라 하나님의 말씀을 전달하는 진지한 목회 업무이다.

능력 있는 설교가 사람을 변화시킨다. 설교는 구원을 향하여 가고 있는 성도에게 좋은 길을 안내해 주는 사랑의 권면이다.

설교는 이때에 이 백성에게 꼭 전해야 되는 당위성을 가지고 불붙는 심령으로 전해야 한다.

"내가 다시는 여호와를 선포하지 아니하며 그의 이름으로 말하지 아니하리라 하면 나의 마음이 불붙는 것 같아서 골수에 사무치니 답답하여 견딜 수 없나이다(렘20:9)."

설교(message)는 설교자(messenger)를 통하여 전달된다. 하나님의 말씀은 설교자의 인격과 교양과 성격과 학식과 신앙이 종합되어 표출된다.

"나쁜 설교는 설교자가 보이고 좋은 설교는 주님이 보인다."는 말이 있다.

우리는 똑같이 주님을 증거하지만 마태가 하는 설교와 누가가 하는 설교, 요한이 하는 설교와 베드로가 하는 설교, 그리고 바울이 하는 설교가 다른 것을 볼 수 있다.

마태는 유대인으로 유대인을 위한 용어나 역사성을 벗어나지 않았다. 누가는 의사로써 마리아와 예수님의 인성을 깊이 연구한 결과 "그는 하나님의 아들이었다."는 결론을 내렸다. 요한은 헬라사상인 로고스를 중요시하여 복음서 전편을 통하여 예수님의 탄생 이전과 사후의 형편을 기술하였다. 바울서신에서는 그의 해박(該博)하고 심도(深度) 있는 철학과 학문, 그리고 고난을 견디며 복음전파에 매진하였음을 볼 수 있다.

설교는 전달자의 성격이고 그의 안목으로 바라보는 예

수님, 그리고 받는 자들이 자기의 사고방식을 따를 것을 기술하였다. 그래서 "설교는 곧 사람이다." 는 말이 있다. 설교는 학식이 풍부한 박사로부터 엊그제 새로 나온 일자무식의 할머니까지 알아들을 수 있어야 한다.

설교는 본문설교, 제목설교, 절기설교, 행사설교, 목적설교 등 여러 가지로 분류할 수 있다. 그러나 무엇보다도 하나님의 말씀에 기초하고 성령의 감화로 전하여 인간을 구원시키는 목적을 이탈해서는 안 된다.

03 설교자료

뭐니 뭐니 해도 설교의 자료(Original Source)는 성경이다.

성경을 읽으면 전해야 될 내용이 많다. 그러나 성경을 덮어 놓고 머리로 찾으면 전해야 할 말이 늘 궁색하다. 성경을 읽고 또 읽어 금맥(金脈)을 찾아야 한다.

성도들이 미처 깨닫지 못한 것을 미리 찾아 번득이는 예지(銳智)로 요리를 하여 먹일 때 양들은 흡족함을 느낀다.

베드로전서 2장 2절에서 "갓난아기들 같이 순전하고 신령한 젖을 사모하라. 이는 그로 말미암아 너희로 구원에 이르도록 자라게 하려 함이라."고 했으며

이사야 66장 11절에는 "너희가 젖을 빠는 것 같이 그 위로하는 품에서 만족하겠고 젖을 넉넉히 빤 것 같이 그 영광의 풍성함으로 말미암아 즐거워하리라."고 했다.

조용한 묵상의 시간이 명설교를 만들어 낸다. 왜냐하면 하나님은 세미한 음성 가운데 계시기 때문이다. 물론 설교의 조직에는 적당한 예화의 삽입이 필요하다 그러나 이것은 본문을 이해를 돕는 보조적인 역할로 필요한 것이지 설교 자체가 예화나 지엽적인 것으로 끝나서는 안 된다.

엘리야가 성령이 충만한 때는 수백 명의 이방신을 섬기는 이방선지자를 처단하고도 힘이 남았다. 그러나 이세벨이 죽이겠다고 했을 때 하루를 도망하여 유다 브엘세바 광야에 들어가 로뎀나무 아래에 앉아서 "여호와여 넉넉하오니 지금 내 생명을 거두시옵소서, 나는 내 조상들보다 낫지

못하니이다." 하고 로뎀나무 아래에 누워 잠이 들었다. 천사가 어루만지며 "일어나서 먹으라." 하여 일어나 보니 머리맡에 숯불에 구운 떡과 한 병 물이 있었다. 먹고 마시고 다시 잠이 들었다. 천사가 또 와서 어루만지며 "일어나 먹으라. 네가 갈 길을 다 가지 못할까 하노라." 하여 일어나 먹고 마시고 그 음식물의 힘을 의지하여 사십 주 사십 야를 걸어 하나님의 산 호렙에 들어가 그 곳 굴에 머물렀다.

하나님이 "너는 나가서 여호와 앞에서 산에 서라." 하시더니 여호와께서 지나가시는데 크고 강한 바람이 산을 가르고 바위를 부수나 바람 가운데에 계시지 아니하며, 지진이 있으나 지진 가운데에도 계시지 아니하며, 지진 후에 불이 있었으나 불 가운데에도 계시지 아니하더니 불 후에 세미한 소리가 들렸다. 엘리야는 사명을 받고 산을 내려왔다.

하나님은 그를 위로하여 주셨다. "내가 바알에게 무릎 꿇지 아니한 칠천 명을 남기리라(왕상19:1-18)."

하나님은 세미한 음성으로 속삭이신다. 하나님은 세미한 말씀 가운데 계신다.

04 좋은 설교의 예

설교는 인격의 3요소이며 신앙의 3요소인 지성(知性)과 감정(感情)과 의지(意志)로 인간을 변화시킨다.

고(故) 한상동 목사님은 강단 위에서 혈기를 부리거나 언성을 높이거나 강단을 치지 말라고 하였다. 박형용 박사는 원고를 충실히 준비하여 원고를 이탈하지 않으려고 노력하였다.

성경에는 몇 가지 예가 될 만한 설교가 있다.

예수님의 설교, 모세의 설교, 여호수아의 설교, 바울의 설교, 요한의 설교, 스데반의 설교, 베드로의 설교 등 성경 인물들의 설교가 있다. 교회사적으로 스펄전, 루터, 칼빈, 로이드죤스 등 역사를 풍미할만한 설교가도 많았다.

설교는 반드시 웅변을 하여야 하는 것은 아니다. 전하는 형태야 어떻든 감화력이 있어야 한다. 사람을 변화시켜 죄에 묻혀있는 세속인을 천국의 멤버로 만드는 수단이 되어야 한다.

바울은 이렇게 말하였다. "내가 비록 말에는 졸하나 지식에는 그렇지 아니하니 이것을 우리가 모든 사람 가운데서 모든 일로 너희에게 나타내었노라(고후11:6)."

설교는 웅변이 아니다. 하나님의 말씀을 전달하는 수단이다.

하버갈(Harvergal)은 이러한 시를 썼다.

주여! 내가 무엇을 말할지 말씀하옵소서

당신의 음성이 내 안에서 산 메아리가 되어

길 잃고 외로운 주의 자녀에게 말할 수 있도록

그 영을 찾게 하옵소서

당신의 방법을 따라서.....

오! 주님 내가 무엇을 가르칠지를 가르쳐 주옵소서

당신께서 주신 귀하고 값진 것을 가르치기 위하여

나의 말에 날개를 달아서

저토록 많은 영혼의 깊은 곳에 이르도록 나를 가르치소서.

7

목사의 기도생활

01 기도는 목사의 전업(專業)이다

초대교회에서는 목사의 직무를 다음과 같이 말한 바 있다.

"제자(신자)가 더 많아졌는데 헬라파 유대인들이 자기의 과부들이 매일 구제에 빠지므로 히브리파 사람을 원망하니 열두 사도가 모든 제자를 불러 놓고 우리가 하나님의 말씀을 제쳐 놓고 접대를 일삼는 것이 마땅하지 아니하니 너희 가운데서 성령과 지혜가 충만하여 칭찬 받는 사람 일곱을 택하라. 우리가 이 일을 그들에게 맡기고 우리는 오로지 기도하는 일과 말씀 사역에 힘쓰리라(행6:1-4)."

물론 모든 일이 다 하나님의 일이다. 그러나 집사가 봉사, 충성과 구제가 주 업무라고 한다면 목사는 기도하고 성경을 읽고 말씀 전하는 일(설교)이 주가 되어야 한다.

교인들은 목사가 기도하는 줄 안다. 마치 국민들은 군인들이 국가를 지킴으로 마음 놓고 잠을 자는 것과 같이 자기들은 기도를 잘 못하지만 기도를 전무(專務)하는 목사가 있음을 알고 마음 놓고 일주일동안 생활한다.

기도는 목사의 필요조건이다. 기도 없이 목회를 하는 것은 마른입으로 소리 내는 기계와 같다.

02 기도로 깨어 있으라

"기도를 계속하고 기도에 감사함으로 깨어 있으라(골 4:2)."

예수님은 바쁘신 중에서도 틈을 내어 기도하는 일을 잊지 않으셨다. 제자들이 예수님이 안 계셔서 찾아보면 기도

하려 가셨다.

"새벽 아직도 밝기 전에 예수께서는 일어나 나가 한적한 곳으로 가사 거기서 기도하셨다(막1:35)."

예수님이 전도하시는 힘, 귀신을 쫓아내는 힘이 거기서 나왔다.

예수님은 평소에 늘 기도했으며 공생애를 시작하실 때, 제자들을 선택할 때(눅 6:12), 마귀에게 시험 받을 때에 특별 기도를 하셨다.

십자가를 지러 가실 때에도 밤이 맞도록 기도하셨다.

그리고 기도는 내 요구사항을 관철시키기 위한 방법이 아니라 하나님의 영광과 주권을 찾아 복종하는 수단이 되어야 한다.

"또 기도할 때에 이방인과 같이 중언부언하지 말라(마6:7)고 하시며 모범된 기도(주기도)를 가르쳐 주셨다(마6:9-12, 눅11:2-4)."

"기도할 때에 네 골방에 들어가 문을 닫고 은밀한 중에 계신 네 아버지께 기도하라." 고 하셨다.

남들에게 기도하는 사람으로 보이기 위하여 하는 세리의 기도를 가증히 여기셨다. 이런 기도는 응답도 없고 유익도 없다(마6:6)고 하였다.

"기도할 때에 무엇이든지 믿고 구하는 것은 다 받으리라(마21:22)"고 하셨다.

상대방이 이유 없이 나를 괴롭혀도 오직 기도로 일관하라고 하셨다.

"나는 사랑하나 그들은 도리어 나를 대적하니 나는 기도할 뿐이라(시109:4)."

03 기도의 실제

저녁 식사 후 기도에 들어갔는데 온 밤을 새우고 동이 트는 아침을 맞은 주의 신실한 종들이 많았다.

설악산 울산바위 밑에는 신흥교회라는 조그마한 교회가 있다. 지금은 적게 보여도 지을 당시에는 광야에 붉은 벽돌로 지은 상당히 커 보이는 교회당이었다.

그 교회당은 손양원 목사님을 모시고 있던 고(故) 황순덕 전도사님이 개척하신 교회다. 바닷바람 센 언덕 밑에 자리 잡은 그 교회는 주일학생 80명, 교사 8명이 주일학교에 나왔는데 오전이나 저녁이나 수요일이나 집회인원이 같았다.

말하자면 한 사람도 예배 시간에 결석자가 없었다는 말이다.

새벽이면 교사들이 먼 곳에서부터 학생들을 양 떼처럼 몰고 와 신흥리 일대는 새벽마다 하나님 찬양으로 가득 찼다.

주일학교 오전 주일예배 때에 부장선생님은 한 학생에게 기도인도를 시켰다. 이 학생은 평소에 기도를 하고 싶었던지 기도가 줄줄이 나오는데 30분을 하였다. 예배는 진행해야겠는데 혼자 기도하고 있으니 부장 선생님이 답답하여 기도를 따서 하였다. 학생은 자기가 기도하고 있는데 옆에서 기도가 튀어 나오자 목소리를 더 높여서 기도하기 시작하였다. 이렇게 하여 부장 선생님과 학생은 30분을 겹치기로 하였다. 기도가 끝났을 때 학생들은 잠을 자고 오줌을

싸고……. 규모 없는 기도를 하라는 말이 아니라 그렇게 기도한 주일학생의 신앙이 얼마나 귀하냐는 말이다.

1950년 4월 어느 날 부산 고려신학교 경건회시 박윤선 교장은 요 21:15-17을 본문으로 "네가 이 사람들 보다 나를 더욱 사랑하느냐?"는 제목으로 설교하여 은혜를 끼친 후 "누구든지 성령의 인도하심대로 기도하시오."라고 하였는데 기도회는 끝없이 계속 되었다.

한 사람의 기도가 끝나면 또 다른 사람이 기도하는 릴레이식 기도는 불길처럼 타 올라 신학교에서 고려고등성경학교에 옮겨 붙어 일주일 동안 계속 되었고, 주말에 각 교회로 돌아간 신학생들과 고등성경학교생에 의하여 전국교회가 뜨거운 회개와 눈물바다가 되었다. 수업하기 위하여 강의실을 찾아갔던 교수들은 뜨거운 기도의 열기를 중단시키지 못하고 다시 돌아왔다. 어떤 학생은 남의 것을 착복한 것을 회개하였고, 어떤 학생은 음란죄에 빠졌던 것을 회개하였고, 어떤 학생은 아버지를 죽인 원수를 갚겠다고 품고 다니던 칼을 꺼내 놓고 회개하였다. 학생들은 바닥에 구르며 자리에서 뛰며 눈물 콧물을 흘리며 기도하였다. 기도회가 끝난 뒤에 아무도 기도하면서 토한 말을 탓하는 이가 없었다. 한 달 후에 6. 25가 터졌다.

1952년 9월 11일 진주성남교회당에서 고려파총노회가 조직되었다.

기도는 은사다. 그러나 노력하는 자에게 내리는 은사다.

"쉬지 말고 기도하라(살전5:17) .

모든 기도와 간구를 하되 항상 성령 안에서 기도하고 이를 위하여 깨어 구하기를 항상 힘쓰며 여러 성도를 위하여 구하라(엡6:18)."

기도는 목사의 일상생활이며 비장의 무기이다.

8

목사의 찬송인도

01 찬송은 예배의 일부다

사람에게는 하나님께서 주신 간편하고 세밀하고도 성능
좋은 악기가 하나씩 있다. 그것이 성대다. 먹든지 마시든
지 무엇을 하든지 하나님의 영광을 위하여 해야 되는데(고
전10:31) 하나님은 목소리를 통하여 하나님께 영광 돌리게
하기 위하여 인간을 지으셨다(사43:21).

육신의 아름다운 목소리가 있기 때문에 찬양하는 것이
아니라, 피조물인 인간은 영혼의 찬양을 드려야 한다(시
146:1). 죽은 자들은 찬양하지 못한다. 살아있을 때에, 목
소리가 나올 때에 찬양해야 한다(시146:2).

호흡이 있는 자마다 찬양한다(시150:6).

처녀가 잉태할 것이라는 고민스러운 말을 믿음으로 승화시킨 마리아에게서는 영혼의 찬양이 흘러 나왔다(눅1:46). 시편 기자는 "주의 의로운 규례들로 말미암아 내가 하루 일곱 번씩 주를 찬양하나이다(시119:164)." 라고 고백한다.

사람은 질병이나 노쇠로 인하여 목소리를 제대로 낼 수 없을 때가 있다. 기회 있을 때. 하나님이 주신 목소리로 열심히 노래하고 영광 돌리는 것은 축복이다.

찬송가에는 "만입이 내게 있으면 하나도 다른 것을 말하지 않고 그 입 다가지고 내 구주 예수를 늘 찬송하겠다." 고 하였다.

하나님 앞에 있는 영물(네 생물)은 각각 여섯 날개를 가졌고 그 안과 주위에는 눈들이 가득하였는데 그들은 밤낮 쉬지 않고 "거룩하다 거룩하다 거룩하다 주 하나님 곧 전능하신 이여 전에도 계셨고 이제도 계시고 장차 오실 이시라." 고 찬양하였다(계4:8).

이 세상은 하나님을 찬양하며 사는 곳이다. 천국은 찬양하며 가는 곳이다.

온 땅이여 여호와께 즐거운 찬송을 부를지어다. 기쁨으로 여호와를 섬기며 노래하면서 그의 앞에 나아갈지어다. 여호와가 우리 하나님이신 줄 너희는 알지어다. 그는 우리를 지으신 이요 우리는 그의 것이니 그의 백성이요 그의 기르시는 양이로다. 감사함으로 그의 문에 들어가며 찬송함으로 그의 궁정에 들어가서 그에게 감사하며 그의 이름을 송축할지어다. 여호와는 선하시니 그의 인자하심이 영원하고 그의 성실하심이 대대에 이르리로다(시100:1-5).

02 찬송은 목사의 직무다

"내가 노래로 하나님의 이름을 찬송하며 감사함으로 하나님을 위대하시다 하리니 이것이 소 곧 뿔과 굽이 있는 황소를 드림보다 여호와를 더욱 기쁘시게 함이 될 것이라(시

69:30-31)."

구약 때에는 감사 하는 자, 찬양하는 자를 따로 세웠다.

오벨에 거주하는 느디님 사람 시하와 기스바가 그들의 책임자가 되었는데 노래하는 자들인 아삽 자손 중 미가의 현손 맛다냐의 증손 하사뱌의 손자 바니의 아들 웃사는 예루살렘에 거주하는 레위 사람의 감독이 되어 하나님의 전 일을 맡아 다스렸다. 그는 왕의 명령대로 노래하는 자들에게 날마다 할 일을 정해 주었다(느11:21-23).

여두둔의 아들들 그달리야와 스리와 여사야와 시므이와 하사뱌와 맛디디야 여섯 사람은 그의 아버지 여두둔의 지휘 아래 수금을 잡아 신령한 노래를 하며 여호와께 감사하며 찬양하였다(대상25:3).

또 그들과 함께 헤만과 여두둔을 세워 나팔과 제금들과 하나님을 찬송하는 악기로 소리를 크게 내게 하였고 또 여두둔의 아들에게 문을 지키게 하였다(대상16:42).

여호와의 인자하심이 영원하시므로 그들과 함께 헤만과 여두둔과 그리고 택함을 받아 지명된 나머지 사람을 세워 감사하게 하였다(대상16:41).

다윗이 군대 지휘관들과 더불어 아삽과 헤만과 여두둔의 자손 중에서 구별하여 섬기게 하고 수금과 비파와 제금을 잡아 신령한 노래를 하게 하였다(대상25:1). 이들은 다윗과 솔로몬 시대에 궁중 악장장이다.

여리고를 점령한 것은 그들의 외침이었다. 뭐 하고 돌았을까? 물론 침묵할 때는 침묵했지만 말을 해야 될 때는 말씀을 읽었고 찬송을 하였을 것이다. 제사장을 앞에 세워 찬송하며 돌았을 것이다.

히스기야 때 외침이 있었는데 밤에 여호와의 사자가 나와서 앗수르 진영에서 군사 십팔만 오천 명을 쳤다. 아침에 일찍이 일어나 보니 다 송장이 되어 있었다(왕하19:35).

목사의 직무 가운데 하나는 찬송을 인도하는 일이다(헌법41조③).

찬송을 인도하는 자를 세워서 교인들과 함께 찬송하게 하고 찬양대를 임명하여 조직하고 악기를 동원하여 찬양하고 또 스스로 인도자가 된다.

비록 우리가 성악 전공인이 아니므로 악보나 악기에 대하여 자세히는 알 수 없어도 높은음자리표, 낮은음자리표, 샵과 플랫이 붙는 곳, 몇 분의 몇 박자인지, 첫음이 무엇인지를 알아야 한다. 그래야 찬송을 인도할 수 있다. 항상 부르는 음악을 음치(音癡)라고 포기해 버리면 교인들이 찬송에 대한 힘이 없다. 찬송이 죽으면 교회의 영적 분위기가 침체된다.

목사가 팽팽한 성대로 자신 있게 찬송할 때 교회의 영적 분위기가 살아난다. 찬송을 인도할 때는 느리고 경건한 곡으로 시작하여 점차 힘 있고 역동적인 곡을 부르다가 다시 본래의 템포로 돌아와야 한다.

기차가 출발할 때는 조심스럽게 출발하나 가속도가 붙으면 신나게 달리다가 다시 본래의 속도로 돌아와야 제대로 정차할 수 있다. 마치 거대한 기차이지만 연안 부두에 배 대듯이 하고 달릴때는 비행기가 상승하는 힘으로 한다. 빨라졌다 늦어졌다 하면 기차가 덜컹거리고 고장이 날 수 있다.

9

목사의 행정

01 행정에 대한 이론

교회의 실체를 살핌에 있어서 교회의 양면성을 살필 필요가 있다.

신적실체(神的失體, Divine Entity)로서의 교회와 하나님의 자녀 된 인간공동체(人間共同體, Community of Human Entity)로서의 교회다.

그러므로 하나의 공동체라는 점에서 조직과 다스림(行政, Administration)의 공통점이 있다.

여기에서 교회만이 가지는 목적과 다스림이 필요하며,

행정 규정과 계획과 조직과 명령과 통제의 수단을 합리화 할 필요성이 있다.

교회는 주님이 "내가 이 반석 위에 내 교회를 세운다.(마 16:18)"는 종속적인 관계가 있다.

주님은 하나님이 "때가 차매 자기 아들을 보내셨다."(갈 4:4)는 하나님의 심중에서 양성된 부권(夫權)과 부성(父性)을 가진 하나님께 속한 단체다.

또 하나는 참 길 되신 위대한 스승을 따르는 제자들의 집 단이다(요14:8). 그들에게는 주님에 대한 의무와 헌신을 강 도(講道)하며 성령의 힘으로 유지되나 사회적으로 교회는 최대 유산의 저장소이며 인간 최고의 이상과 열망의 수호 자(守護者)들의 집단이다. 교회는 사회질서의 악에 대한 민 감성과 세속주의를 거부하는 마지막 보루(堡壘)이다.

따라서 국민을 압제하거나 국민의 권익을 보호하는 일 을 등한시해서는 안 된다.

교회는 사회의 악함을 알면서도 복음을 전파하는 사명 을 가지고 있다. 따라서 교회는 "모든 세상 사람들에게 복

음을 전파하고 믿는 자에게 구원을 주시는 하나님의 능력
이다(롬 1:16)."

교회 활동의 범위는 우주적이다. 그래서 인간의 끊임없
는 욕구의 성장과 변화에 응답하고 봉사 한다.

02 교회의 직분론

교회는 영속성(Permanency)을 가진다.

인간은 흥망성쇠에 좌우되나 교회는 영구하다.

"내가 이 반석 위에 내 교회를 세우리니 음부의 권세가
이기지 못하리라.(마18:18)"고 하였다.

교회는 믿음 위에 세워져야 한다. 교회는 내가 개척하여
내가 성장시키는 업체가 아니라 주님이 주인이시다. 교회
의 권세는 영원하다. 음부의 권세, 세상권세가 이기지 못
한다.

먼저 조직 교회의 직분론에 대하여 살펴본다.

㉠ 장로(長老, Elder)는 장로교회에서 신도의 치리를 위하여 평신도 중에서 선출하여 안수(按手)임직하는 직분이다. 장로교회에서는 반드시 안수(按手. Ordain)로 임직하는데, 감리교회에서는 평신도 중 최고의 직분을 의미하고 안수는 하지 않았다. 말하자면 평신도가 점점 올라가 장로가 되는 것이다. 그러나 요새는 안수를 한다. 그것은 교파의 교류가 빈번한 현실에서 감리교 장로가 장로교로 옮겼을 때 안수 임직을 시키는 경향이 있기 때문이다.

㉡ 집사(執事, Deacon)는 감리교회나 감독교회에서는 투표를 하지 않고 임명한다. 침례교회에는 직분이 없으므로 집사가 교회 최고의 신령적 조직체의 멤버다. 그러나 장로교회에서는 자산과 구제를 위하여 평신도들이 선택하고 교회가 안수하는 구제와 자산과 충성을 위한 조직이다.

㉢ 성령과 지혜가 충만하여 칭찬 받는 사람, 구제와 전도와 서무를 맡아 할 만한 사람. 그래서 목사는 이런 일에

매이지 않고 기도와 말씀 사역에 전념하게 된다(행6:4-7).

목사의 호칭은 교회마다 달라서 감독교회에서는 렉토(Rector)라고 하며 장로교회에서는 미니스터(Minister)라고 부른다. 패스터(Pastor)는 감리교, 침례교, 회중교회에서 사용하던 호칭인데 장로교도 그렇게 불러 '목사' 라고 한다.

행정상 가톨릭은 추기경과 대주교와 주교를 선출한다. 에큐메니칼 공의회(Ecumenical Council)가 있는데 교황의 권위를 능가하지는 못한다.

성공회는 3년마다 대회를 하는데 상하 두 개의 회의를 가진다. 하나는 감독회의이며 다른 하나는 목사와 신도의 대표로 구성된다.

감리교회에서는 총회에서 감독을 선출하며 총회의 지시를 협의한다.

개혁파는 장로교회를 참고로 하는 행정조직이다.

장로교의 장로는 개체교회의 평신도에 의하여 선출되고 안수 임직함으로 목사와 동등한 지위를 갖는다. 통제 권한과 치리권이 있으며 법적 권한을 가진다. 당회 일을 처리할 뿐 아니라 노회나 총회에 파송되어 전국교회를 돕는다.

03 교회의 기관들

초대교회에서는 모든 것이 성령의 능력이고 은혜였다. 그러나 현대교회에서 교회가 행정을 필요로 하는 것은 복잡한 현대인들을 관리함에 있어서 제도와 조직과 규범이 필요하기 때문이다. 아무리 작은 교회라도 당회, 제직회, 주일학교, 남녀전도회 등의 조직을 가지고 있다. 기능상으로 보아도 구역관리, 새신자 보호육성, 직분자 훈련에 있어서 사무적인 정리, 활동 계획과 프로그램 지도관리, 각종 회의 계획과 실천, 재정관리, 대외적 접촉과 행정 능력이 필요하다. 예배 계획과 진행, 기도회와 예배 및 예배 음악, 결혼과 장례, 각종 질병과 사고에 대한 대책 등에서 행정력과 조직이 필요하다.

목사의 직무는 제사장적 임무, 예언자적 임무, 목회와

치료의 임무, 행정적 수반으로서 교회관리가 필수다.

교회행정은 공익 원리와 사적단체의 관리 수단을 합작시킨 것이다. 교회 행정은 문서 뿐 아니라 일반 심리학, 사회심리학, 통계학 등의 학문을 보조로 한다. 그렇다고 세상행정과 같이 모나게 처리하는 것이 아니라 인간관계를 바탕으로 하고 있다. 교회에서는 법과 제도가 인간의 영혼을 중요시함에 기초하고 있다, 교회는 신자의 수와 사회문화의 변천에 따라 적용되어야 한다(조동진, 현대교회 행정학, 도서출판 별, 서을 역삼동, 1993,pp17-70).

교회행정은 개인 간의 형태에 따라 좌우 되어서는 안 된다. 그러나 인성을 무시한 행정 또한 성립될 수 없다.

고 한상동 목사는 교인들의 교적부가 없이 목회를 했으며 백영희 목사는 주일학교 한 기관만 운영한 일이 있다. 그러나 이는 카리스마가 넘치는 특수한 목사의 경우이고 또 과도기의 교회관리 형태로서 용납이 가능한 때였다. 지금은 조직과 관리와 행정이 옛날과 같지 않다. 모든 것이 제도화 되어야 하고 조직화 되어 있으며 공개운영되어야 한다.

지금도 교회 연혁이 기록되어 있지 않는 교회가 많다. 이를 속히 만들어 보관할 필요가 있다. 학습, 유아세례, 등 역사가 없는 단체는 없다. 교인 명부가 제대로 갖추어지지 않은 교회도 있다. 교회를 목양함에 있어서 객관성이 없는데 무엇을 근거로 삼는단 말인가?

목사는 교회행정의 수반이며 최종 책임자이다.

만일 교회행정이 제대로 이루어지 않았다면 무질서한 목회, 중구난방식 목회가 될 것이다. 교회는 질서 있는 조직기관이다.

모든 것을 품위 있게 하고 질서 있게 하라.(고전14:40)

이는 내가 육신으로는 떠나 있으나 심령으로는 너희와 함께 있어 너희가 질서 있게 행함과 그리스도를 믿는 너희 믿음이 굳건한 것을 기쁘게 봄이라(골2:5).

하나님은 무질서의 하나님이 아니시요 오직 화평의 하나님이다(고전14:33).

10

목사의 심방

01 심방(尋訪, the pastor visit)의 원리

심방은 설교, 행정과 더불어 목사가 행해야 될 3대 임무 중 하나다.

심방이란 '목회자가 영적 권면 내지 성장의 목표를 가지고 성도를 찾아 보살피는 목회행위이다.' 그리하여 개 교인의 영적성장과 교회의 내실을 기하는 목회의 한 방편이다.

여기에서 심방은 반드시 목사 중심으로 이루어져야 하고, 심방보조자들은 당회의 허락하에 이루어져야 한다는 것이다.

교인이 경영하는 업소에 가야되는 일이 더러 있다. 성도의 집이므로 기도하고 올 수 있다. 기도해 주는 것은 좋지만 방문 목적이 다르므로 이것은 심방이라고 볼 수는 없다. 병원이나 약국 혹은 부동산 사무실이나 농장을 방문해야 되는 경우가 있는데 심방과 일반 용무는 구별되어야 한다.

심방이란 방문(visit)과 더불어 상담(counseling) 혹은 보살핌(take care or training)이 더불어 시행되어야 한다.

목사에게는 주님이 맡겨 주신 양들을 신령한 양식을 공급해 주고 돌보아 줄 의무가 있다.

양들은 무기력하여 방향을 잃고 방황할 수 있다(사53:6-7, 요10:3-5).

그러므로 작은 목자인 목회자는 주님의 양을 잘 돌보아야 한다.

여호와는 나의 목자시니 내게 부족함이 없으리로다.

그가 나를 푸른 풀밭에 누이시며 쉴 만한 물 가로 인도하시는도다.

내 영혼을 소생시키시고 자기 이름을 위하여 의의 길로 인도하시는도다.

내가 사망의 음침한 골짜기로 다닐지라도 해를 두려워하지 않을 것은 주께서 나와 함께 하심이라 주의 지팡이와 막대기가 나를 안위하시나이다.

주께서 내 원수의 목전에서 내게 상을 베풀어 주시고 기름을 내 머리에 부으셨으니 내 잔이 넘치나이다.

내 평생에 선하심과 인자하심이 반드시 나를 따르리니 내가 여호와의 집에 영원히 살리로다(시23:1-6).

02 심방의 실제

목회자는 주님이 맡기신 양들을 심방함에 있어서 이를 효과 있게 하기 위하여 보조자나 보조 기구가 필요하다.

첫째로 심방을 보조하는 사람들이다.

전도사나 부교역자는 물론 해당 구역의 장로님, 권사님,

구역장, 권찰 등 많은 숫자가 동원된다. 그래서 모처럼 모인 축제의 축하사절단으로 몰려다니는데 이는 과거 농경사회 때 농한기를 이용하여 목사가 신자의 처소를 방문함이 축복으로 여겨졌을 때의 일이고 산업사회인 지금은 서로 바쁨으로 많은 숫자가 동원 되는 것도 어려운 일이고 또 받는 이에게도 부담이 된다.

현대인들은 자기의 사생활을 공개하기를 좋아하지 않는다. 그리고 많은 숫자가 동원되어 방문하는 것을 축복으로 여기지도 않는다. 따라서 대심방이나 절기심방이 점차 쇠퇴해 가는 현상이다.

꼭 심방할 필요가 있을 때 목사는 교인과 사전에 약속을 하고 목사와 부목사 혹은 목사 내외가 조심스럽게 방문한다. 심방을 마친 후에는 지체하지 말고 곧 일어서야 한다.

한국 사람들은 내 집에 오는 손님을 그냥 보낼 수 없다하여 물 한 그릇이라도 먹여 보내려고 한다. 그러나 이것은 차리는 이가 점차 그 양을 확대해 가고 심방자에게는 육신적인 부담이 된다.

거울에 열 집을 심방하면 커피를 열잔 마셔야 한다. 여름에 열 집을 심방하면 콜라 열 잔을 나셔야 한다. 이것이 위에 부담이 되지 않겠는가?

병원심방은 조용히 기도하고 바로 나온다. 큰 소리로 찬송을 하거나 안수기도를 하는 것은 곁에 있는 이들에게 매우 미안한 일이다.

심방을 받는 가정에는 사람이 앉을 자리에 침대가 놓여 있어서 앉을 자리도 마땅치 않다. 부부가 자는 침대에 목사가 올라앉아서 예배 할 수도 없고 주인을 올라앉도록 하고 내려서서 인도하기도 그렇다. 거실이 있지만 가족들이 주로 앉는 소파 외에는 앉을 자리가 없다. 주인을 젖혀 놓고 객이 올라가 앉을 수도 없고, 주인 보고 올라가 앉으라고 하고 밑에서 예배를 인도하는 것도 그렇다.

전보다 생활이 나아졌고 전보다 나아진 주택구조이지만 심방에는 점점 그 의식이 무디어져 간다. 무엇보다도 중요한 것은 성도의 사고방식이다. 무엇이든지 기도로 해결하는 시대, 주님을 모시는 마음으로 목회자를 모시는 시대가 아니다. 그렇다고 새로 등록을 하였거나 출석한지 오랜 교인을 방치할 수도 없다. 그래서 생각한 것이 교회당 심방이고 승합차 심방이다. 교회당 어느 공간에서 가족들을 모아 놓고 형편을 묻고 기도해 주거나 승합차를 집 앞에 대어 놓고 그 속에서 방문예배를 드리는 것이다. 여하튼 형편은 달라도 심방은 필요한 것이다.

심방은 대심방, 계절심방, 정기심방, 행사심방, 특별심방, 축하심방, 환자심방 등이 있다.

요사이는 아이티 산업이 활발하여 메일로 안부를 묻거나 카카오톡 심방을 할 수도 있다. 예전과 같이 전화심방을 하기도 한다.

교인들은 자기들이 사는 사생활의 공간에 누구도 찾아오는 것을 환영 하지 않지만 목사가 관심을 가져 주는 것은 좋아한다.

심방을 할 때는 성경, 찬송, 심방록, 교패, 메모지 등이 필요하다. 못 만날 것을 생각하여 방문했음을 알리는 메세지를 준비함이 필요하다. 보이지 않는 심방 준비가 기도다.

심방에 필요한 것은 무엇보다도 기도 준비다. 기도 없이 성도의 가정을 방문하는 것은 능력이 없다. 환자가 있는 병원이나 가정, 문제가 있는 가정, 정신 이상이 있는 가정의 환자를 무엇으로 치료할 것인가? 기도로 달구어지고 적재적소에 맞는 말씀을 찾아 권면할 때 효과가 있다.

목회자는 힘들고 어려워도 잃어버린 한 마리의 양을 찾는 심정으로 해야 한다.

주님은 죄악과 괴로움이 많은 세상에서 방황하는 양을 찾아 구원하기 위하여 이 땅에 오셨다. 한 마리의 양을 찾기 위하여 아흔아홉 마리의 양을 들에 두고 한 마리를 기필코 찾으시는 분이다. 심방이 어렵다고 해서 포기해서는 안 된다.

심방 방법을 연구해야 한다.

예수께서는 온 갈릴리를 두루 다니면서 회당에서 가르치시며 천국 복음을 전파하시며 백성 중의 모든 병과 모든 약한 것을 고치셨다.(마4:23, 막1:39눅4:15)

'두루 다니면서' 찾았다. 찾을 때 까지 찾았다. 밤이 새도록 찾았다.

심방이 목회에 어떻게 도움이 되는가?

교인들의 형편을 쉽게 파악할 수 있다.

흔히 교인의 앉은 자리와 강단은 50년의 차이가 있다는 말이 있다. 심방은 목회자와 교인들이 좀 더 가까워 질수 있는 기회가 된다.

목회자로서 교회를 위한 기도제목을 인출할 수 있다.

목회자는 교인들의 형편을 살펴 앎으로 한 영혼 한 영혼을 품에 안고 기도할 수 있다.

목회자 자신을 점검하게 된다. 목회자의 목양은 교인들을 통하여 반응한다. 그러므로 목회자는 심방을 통하여 자기의 얼굴을 들여다보고 목회영역을 확장하여 심도 있는 목회를 할 수 있게 한다.

설교제목을 찾을 수 있다. 우선 목사의 설교는 교인들의 생활에 맞는 내용이어야 한다. 그렇다고 교인의 비밀한 사정을 강단에서 바로 쏟으라는 말은 아니다. 그와 함께 고민하고 그와 함께 기도하고 그의 숙제를 가슴에 품고 하나씩

풀어감으로 원만한 목회를 할 수 있다.

전도할 수 있는 좋은 기회가 된다.

기도하고 찾아감으로, 가면서 오면서 만나는 사람에게, 혹은 평소에 전도하기 위하여 마음에 둔 사람에게 전도할 용기가 생긴다. 또한 신자 한두 명 나오는 가정의 가족들에게 전도하여 가족적으로 믿음의 가정이 될 수 있게 한다.

오늘날 아파트의 문을 열고 전도하는 것이 얼마나 어려운가? 그러나 주일학생 한 명이 나옴으로 인하여 그 집에 들어가 전도할 수 있는 좋은 기회가 된다.

심방을 통하여 교인들을 균등하게 자라게 할 수 있다.

교회는 일자무식한 할머니로부터 박사학위를 가진 교수까지 한자리에 앉혀 놓고 메세지를 전하는 장소다. 성령의 감화로 은혜 받고 믿음이 성장하지만 소외되는 사람이 있기 마련이다. 이들을 심방하여 영적인 수준을 향상시키면 교인들의 신앙이 균등하게 자랄 수 있다.

심방은 교인을 사랑할 수 있는 계기가 된다(졸저, 심방의 원리와 실제, 도서출판 그리심, 2004,pp13-50).

03 심방은 꼭 필요하다

사람이 상대방의 형편을 알 때 하고 모를 때하고는 이해하는 태도가 다르다.

예수님도 지상의 인간이 되어 살펴볼 때 죄 가운데에서 방황하는 인간을 더욱 불쌍히 여기신 바가 있다.

교인의 신앙을 교정해 줄 수 있다.

성경을 잘못 알거나 오해하고 있을 때 심방은 그의 신앙을 교정하여 바른 신앙의 길로 인도할 수 있다.

끝으로 부지런한 목회자가 될 수 있다. 곽완련 박사는 목사가 하루에 3-4가정만 심방하면 1년에 300-500가정을 심방함으로 3,000여 성도는 정기심방이 없어도 능히 목회할 수 있다고 하였다.

심방은 교회에서 은혜 받은 성도의 영적인 분위기가 중단되지 않게 하며 목회자로 하여금 부지런하게 한다.

성경은 뭐라고 했는가?

네 양 떼의 형편을 부지런히 살피며 네 소 떼에게 마음을
두라.

대저 재물은 영원히 있지 못하나니 면류관이 어찌 대대
에 있으랴.

풀을 벤 후에는 새로 움이 돋나니 산에서 꼴을 거둘 것이
니라.

어린 양의 털은 네 옷이 되며 염소는 밭을 사는 값이 되며

염소의 젖은 넉넉하여 너와 네 집의 음식이 되며 네 여종
의 먹을 것이 되느니라(시27:23-27).

11

목사의 성경 읽기

01   성경은 확실한 계시다

성경은 고귀한 계시이므로 받는 사람만 받을 수 있는 보배다.

계시는 하나님이 당신 스스로를 알릴 사람에게만 알려주어 그가 깨닫고 구원 받는 특별은혜인데 아무에게나 주시지 않는다.

성경은 하나님에 대하여 믿어야할 바, 하나님께서 인간에게 요구하시는 의무를 가르친다(소교리문답 3문). 신구약 성경은 하나님의 유일한 말씀이며 믿음과 순종의 유일한 법칙이다(대교리문답 3문).

확실한 예언이 있어 어두운 데를 비추는 등불과 같으니 날이 새어 샛별이 마음에 떠오르기까지 이것을 주의하는 것이 옳다. 먼저 알 것은 성경의 모든 예언은 사사로이 풀 것이 아니니 예언은 언제든지 사람의 뜻으로 낸 것이 아니요 오직 성령의 감동하심을 받은 사람들이 하나님께 받아 말한 것이다(벧후 1:19-21).

선지자들이 성령의 감동으로 하나님의 말씀을 받아 쓴 이 복음 외에 다른 복음은 없다.

성경은 구약 39권, 신약 27권 총 66권, 구약 929장 신약 180장, 총1,109장으로 조직된 말씀이다.

약 1,600년에 걸쳐 약36명의 저자(선지자와 사도)가 주님에 대하여 증거한 말씀이다.

이 예언은 언제든지 사람의 뜻으로 낸 것이 아니요 오직 성령의 감동하심을 받은 사람들이 하나님께 받아 말한 것이다(벧후1:19-21).

옛적에 선지자들을 통하여 여러 부분과 여러 모양으로

우리 조상들에게 말씀하신 하나님이 이 모든 날 마지막에는 아들을 통하여 우리에게 말씀하셨으니 이 아들을 만유의 상속자로 세우시고 또 그로 말미암아 모든 세계를 지으셨느니라(히1:1-2).

어떤 사람들이 성도들을 교란하여 그리스도의 복음을 변하게 하려 하나 복음을 전하여 준 사도나 하늘로부터 온 천사라도 이 복음 외에 다른 복음을 전하면 저주를 받을 것이다(갈1:7-8).

만일 이 증언(두루마리 예언의 말씀)들 외에 더하면 하나님이 이 두루마리에 기록된 재앙들을 그에게 더하실 것이요. 만일 누구든지 이 두루마리의 예언의 말씀에서 제하여 버리면 하나님이 이 두루마리에 기록된 생명나무와 및 거룩한 성에 참여함을 제하여 버리신다(계22:18-19).

성경은 주로 사람이 하나님께 관하여 믿어야할 것과 하나님께서 사람들에게 요구하시는 의무를 가르친다(대교리문답 6문).

성경은 그리스도 예수 안에 있는 믿음으로 말미암아 구원에 이르는 지혜가 있게 한다.

모든 성경은 하나님의 감동으로 된 것으로 교훈과 책망과 바르게 함과 의로 교육하기에 유익하여 하나님의 사람으로 온전하게 하며 모든 선한 일을 행할 능력을 갖추게 하려 함이다(딤후 3:15-17).

02 성경은 하나님의 말씀이다

바울은 계시가 얼마나 귀중한 것인가를 이렇게 말하였다.

"여러 계시를 받은 것이 지극히 크므로 너무 자만하지 않게 하시려고 내 육체에 가시 곧 사탄의 사자(병)를 주셨으니 이는 나를 쳐서 너무 자만(自慢)하지 않게 하려 하심이라. 이것이 내게서 떠나가게 하기 위하여 내가 세 번 주께 간구하였더니 나에게 내 은혜가 네게 족하다. 이는 내 능력이 약한 데서 온전하여짐이라고 하셨다. 그러므로 도리어 크게 기뻐함으로 나의 여러 약한 것들에 대하여 자랑하리니 이는 그리스도의 능력이 내게 머물게 하려 함이라(고후 12:19).”

바울은 자신의 건강문제보다 하나님의 계시가 더 귀중한 것임을 말하고 있다.

모든 성경은 하나님의 감동으로 된 것으로 교훈과 책망과 바르게 함과 의로 교육하기에 유익하다(딤후 3:16).

그래서 성경은 선지자나 사도가 기록했지만 주인공인 예수에 대하여 기록하였고 조금도 부족함이 없다.

“여호와의 책인 성경을 찾아 읽어보아라. 빠진 것이 하나도 없고 제 짝이 없는 것이 없다. 그 이유는 여호와의 입이 이를 명령하셨고 그의 영이 이것들을 모으셨기 때문이다”(사4:16).

성경은 그리스도 예수 안에 있는 믿음으로 말미암아 구원에 이르는 지혜가 있게 한다. 모든 성경은 하나님의 감동으로 된 것으로 교훈과 책망과 바르게 함과 의로 교육하기에 유익하니 이는 하나님의 사람으로 온전하게 하며 모든 선한 일을 행할 능력을 갖추게 하려 함이다(딤후 3:15-17).

그래서 베뢰아 사람들은 데살로니가 사람들보다 더 신사적이어서 간절한 마음으로 말씀을 받고 이것이 그러한가 하여 날마다 성경을 상고하였다(행17:11).

성경은 간절한 마음으로 받아야 은혜가 된다.

성경에는 다 짝이 있다(창1:1). "태초에 하나님이 천지를 창조 하시니라."는 (요1:1) "태초에 말씀이 계시니라. 이 말씀이 하나님과 함께 계셨으니 이 말씀은 곧 하나님이시니라"와 짝이다. "네가 어려서부터 성경을 알았나니 성경은 능히 너로 하여금 그리스도 예수 안에 있는 믿음으로 말미암아 구원에 이르는 지혜가 있게 하느니라. 모든 성경은 하나님의 감동으로 된 것으로 교훈과 책망과 바르게 함과 의로 교육하기에 유익하니 이는 하나님의 사람으로 온전하게 하며 모든 선한 일을 행할 능력을 갖추게 하려 함이라(딤후3:15-17)"는 "너희가 성경에서 영생을 얻는 줄 생각하고 성경을 연구하거니와 이 성경이 곧 내게 대하여 증언하는 것이니라(요5:39)"와 짝이 된다고 볼 수 있다.

그러므로 성경은 폐하지 못한다(요 10:35).

예수님은 하나님의 말씀(성경, 계시)을 전하시기 위하여 이 땅에 오셨다.

"내가 진실로 진실로 너희에게 이르노니 내 말을 듣고 또 나 보내신 이를 믿는 자는 영생을 얻었고 심판에 이르지 아니하나니 사망에서 생명으로 옮겼느니라(요 5:24)."

참 빛 곧 세상에 와서 각 사람에게 비추는 빛이 있었는데 그가 세상에 계셨으며 세상은 그로 말미암아 지은 바 되었으되 세상이 그를 알지 못하였고 자기 땅에 오매 자기 백성이 영접하지 아니하였으나 영접하는 자 곧 그 이름을 믿는 자들에게는 하나님의 자녀가 되는 권세를 주셨다(요1:9-12).

03 우리나라의 성경전래

우리나라에 하나님의 말씀이 전해진 것은 1861년으로 본다. 1861년 9월 1일 영국인 바질 홀(Basil Hall) 씨와 맥스웰(Maxwell) 씨가 중국으로 파견한 사절단을 태우고 온 김에 서해안을 측량할 목적으로 들어와 주민들에게 준 선물 가운데 당시 중국에 파송되어 있는 모리슨(Morrison) 선교사의 부탁으로 한문 성경을 주었다.

그 후 군산항으로 들어와 그 곳 관리들에게 선물을 주는 중에 성경도 주었다.

1832년에는 독일인 구즐라프(K. Gutzlaff)가 중국에서 선교하다가 동인도회사(東印度會社)의 통역관으로 황해도 섬에 머물며 왕에게 통상청원장을 보내 놓고 답을 기다리는 기간에 한문 성경을 반포하였다.

1866년에는 대동강변에서 순교한 토마스 선교사가 쑥섬에서 참형을 당하면서 마지막으로 성경을 전했는데 성경을 받은 최치량(崔致良)이 신자가 되었고, 기도하고 있는 사람을 죽인 이영태의 아저씨가 "나는 선한 사람을 죽였다."고 하며 성경을 집으로 가지고 가서 읽고 또 읽고 신자가 되었다.

1867년에는 스코트랜드인 윌리엄스(Alexander Williams)가 고려문에서 성경을 나누어 주며 선교하였다.

토마스 목사의 뒤를 이어 선교한 이는 로스 목사(Rev. John Ross D. D.)와 그의 매부 맥킨타이어(Rev. John Macintyer)가 1874년 한국인이 자주 왕래하는 만주 압록강변 북문에서 성경을 보급하며 전도하였다.

한국인 이응찬은 친구 3인을 전도하여 1880년 요한복음, 1882년 누가복음, 1883년에 마태복음, 마가복음, 사도행전을 간행하였고, 1887년에는 신약성경 전체를 번역 완간하였다. 그래서 1885년 언더우드와 아펜젤러 선교사는 이미 번역된 한국어 성경으로 전도할 수 있었다.

04 성경과 목사

우리는 성경 한권을 들고 외치고 직업으로 삼아 밥을 먹어왔다. 성경은 우리의 양식이요, 기업이다. 이 성경을 외면하거나 등한시하거나 형식적으로 겉핥기만 해서는 안된다. 우리가 다른 것에 무식하고 소홀히 하는 것은 그런대로 용납될 수 있다고 해도 성경을 읽지 않거나 틀리게 전하면 준엄한 책망을 받을 것이다.

성경은 전하는 자가 먼저 읽고 은혜를 받아야 한다. 날마다 10장씩만 읽으면 일 년에 2번 정도를 읽을 수 있다.

박윤선 박사는 주석을 쓰면서 성경을 읽다가 오래 풀지 못한 것을 깨달으면 일어나서 덩실 덩실 춤을 추고 방을 돌았다고 한다.

오종덕 목사님은 말년에 하루 21시간씩 성경을 읽으셨다. 궁금하여 "목사님, 성경을 몇 독이나 하셨습니까?" 하고 여쭈었더니 2천독 까지는 세었는데 그 후로는 안 세어보아서 잘 모르겠다고 하셨다. 오 목사님이 성경을 읽으실 때의 모습은 어린 아이 같았다. 온 얼굴에 근심을 띠고 고통스러워하는 때가 있고, 웃음꽃이 활짝 피어 어린아이처럼 기뻐하실 때도 있었다. 그리고 풀리지 않는 성경이 있으면 하루 종일 끙끙 거리며 생각하셨다.

목사님은 신학교 입학하실 때에 가족들이 5년 먹을 양식을 다 마련해 놓고 가셨다고 하셨다.

"이와 같이 나는 평생에 성경을 읽고 설교를 준비하여 창고에 넣어 두는 거예요. 언제 누가 설교를 요청해도 곡간을 열어서 양식을 꺼내 먹을 수 있게 준비해 놓는 거예요."라고 하셨다.

지금은 옛 사람이 되었지만 부산 백영희 목사님은 성경만 가지고 설교했는데 그가 경영하는 신학생은 재학 중에 성경 300번을 읽어야 한다.

필자가 경험한바 신학교에서 배우는 히브리어나 헬라어, 교회사 등이 불필요한 것은 아니지만 실제로 성경 한 번 더 읽는 것이 영적으로 유익하고 가르치는데 요긴하였다.

베드로가 잡혀 갔으나 하나님이 천사를 보내어 옥문을 열어 주어서 나가보니 성도들이 기도하고 있었다. 헤롯이 아첨하는 무리들의 말을 귀담아 듣고 자기가 신인 체 하다가 충(蟲)이 먹어 죽었다. 어수선한 가운데서도 사도들이 기도하고 말씀을 전할 때에 하나님의 말씀은 더욱 흥왕하여 갔다(행12:24).

성도는 하나님의 말씀과 기도로 거룩하여 진다(딤전4:5).

성도들이 하나님의 말씀을 받을 때에 사람의 말로 받지 아
니하고 하나님의 말씀으로 받음은 감사한 일이다(살전 2:13).

05 목사는 성경을 지니고 다녀야 한다

어떤 친구가 미국에 있는 어느 교회에 집회를 간 일이 있
었다. 공항 직원은 그날따라 승객들의 소지품 검사를 하였
다. 그리고 물었다. "미국에 오는 목적이 뭡니까?" "교회
의 부흥회(revival service)를 인도하러 갑니다." 이 말을 듣
고 공항직원은 이렇게 말하였다. "그러면 원고와 성경책을
보여 주십시오." 그는 설교노트와 성경을 보여 주었다. 여
행자들은 되도록 짐을 간편하게 하기 위하여 부피가 작은
휴대품을 소지하기 마련이다. 성경도 평소에 쓰던 성경이
아닌 기드온에서 나온 포켓용을 보여 주었다.

그 때 공항 직원은 이렇게 말하였다. "이것은 목사님의
성경이 아닙니다. 목사님의 성경은 오래도록 보아 온 흔적

이 있어야 합니다. 언더라인도 하고, 붉은 볼펜으로 메모도 하고 중요한 것도 기록한 것이 목사님의 성경이지 이런 건 초신자들이 소지하고 다니는 것입니다.” 그는 모르는 영어로 겨우 설명을 하다가 미국 친구를 전화로 불러 통화를 한 후에야 공항을 통과했다고 한다.

또 하나의 예. 신학교 다닐 때 한 친구가 늦게 왔다. 왜 늦었느냐고 물었더니 한참이나 망설이더니 이렇게 설명하였다.

무단횡단을 하다가 단속 경찰에게 붙잡혔다. 외모가 꾀죄죄하게 생겼고 검은 가방을 옆에 낀 신학생을 수상히 여겨서인지 소지품을 검사하더라는 것이다. “가방을 보여 주십시오.” “안 됩니다.” “왜요? 뭐가 들어 있습니까?” “아무것도 아닙니다.” 신학생이 교통법규를 지키지 않고 무단횡단한 것이 부끄러워 성경 가방을 보여 주지 않으려고 하자 경찰은 억지로 빼앗아 내용물을 검사하였다. 거기에서 나온 것은 몇 권의 노트와 붉은 성경이었다. 성경책을 집어든 경찰은 이렇게 말했다. "이게 왜 아무 것도 아닙니까?, 이 게 하나님의 말씀이지 왜 아무것도 아닙니까? 우리 어머니가 권사님인데 식사는 걸러도 절대로 손에서 떼어 놓지 않는 책인데 왜 아무것도 아니라고 합니까?" 교통순경에게 설교를 듣고 온 그는 매우 언짢아하면서도 감사해 했다.

06　성경은 읽고 은혜 받아야 한다

"구슬이 서말이라도 꿰어야 보배" 라는 말이 있다.

아무리 좋은 성경을 지니고 있어도 읽지 않으면 소용이 없다.

"여호와의 책을 자세히 읽어 보라."고 하였다. 이 책은 여호와의 책인데 대충 읽지 말고 자세히 읽어야 한다고 하였다. 읽어본 내용은 구원이다.

베뢰아 사람들은 데살로니가 사람들보다 신사적이어서 간절한 마음으로 말씀을 받고 이것이 그러한가 하여 날마다 성경을 연구하였다(행17:11).

여호와의 율법은 완전하여 영혼을 소성시키며 여호와의 증거는 확실하여 우둔한 자를 지혜롭게 하며 여호와의 교훈은 정직하여 마음을 기쁘게 하고 여호와의 계명은 순결하여 눈을 밝게 하신다. 여호와를 경외하는 도는 정결하여 영원까지 이르고 여호와의 법도 진실하여 다 의로우니 금곧 많은 순금보다 더 사모할 것이며 꿀과 송이꿀보다 더 달도다(시 19:7-10).

우리가 익힌 학문에 철학이 부족하고 심리학이 부족하고 자연과학이나 민법이 부족할 수는 있다. 그러나 성경을 읽고 또 읽어 교인들이 "과연 오묘한 진리의 말씀이구나." 하고 깨달을 수 있도록 전해야 한다.

목사는 성경을 읽고 또 읽어야 한다. 적어도 성경 3권쯤은 다 낡아 볼 수 없을 정도가 되어야 한다. 목사가 자랑할 것이 뭐있겠는가? 목사는 오직 말씀을 먹고 말씀을 가르치고 말씀과 함께 사는 사람이다.

그러므로 목회자는 성경을 읽어야 한다. 성경은 많이 읽을수록 좋다.

우리 선배들은 성구 하나를 찾기 위하여 성경의 많은 분량을 읽었다. 그러나 요즈음은 컴퓨터에 성구사전이 있어서 그렇게 많이 읽지 않는다. 그러나 성구 사전도 성경 본문을 알아야 찾을 수 있다.

성경 한 구절을 풀기 위하여 끙끙거리며 기도하고 연구하여 금맥을 찾아야 한다. 그리하여 성도들에게 질 좋은 꼴을 먹어야 한다.

성경은 우리의 생명이며 기업이다.

12

목사의 재정관리

01　재정 관리는 교회행정의 중요한 부분 중 하나다

재정이란 크게는 국가, 작게는 가정의 유지와 운영을 위하여 필요로 하는 재화(財貨)의 조달, 관리, 생산, 지출하는 일체의 업무를 말한다. 그래서 회사, 기관, 단체, 교회가 원활히 운영되는데 필요한 절대적인 요소이다.

교회재정이란 교회의 존립, 유지, 활동에 따르는 재물의 수입, 지출, 관리, 등에 필요한 행정 업무를 말한다.

그래서 예수님의 몸을 머리로 하는 유기체인 몸된 교회는 재정 관리를 잘함으로 교인들이 더욱 신뢰하며 주께 영광 돌리는 살림을 하게 된다.

목사는 지상교회의 경영자로 이를 원만히 운영, 조절하므로 교회 부흥에 도움을 준다. 목사는 교회를 운영하기 위하여 수입과 지출에 관심을 두고 보살핀다.

구약 때에는 전교인(이스라엘 총회)이 의무적이고 자발적으로 십일조를 하고 결과에 대하여 묻지 않았다. 제사장이 하나님 앞에서 그것을 사용하였다. 성전을 수리하고 수종드는 사람들의 생활을 보살피고 제사장의 생활을 하는데 사용하였다.

십일조와 헌물은 하나님의 것으로 알고 내었고, 내는 일이나 사용하는 일이 하나님 앞에서 이루어져 사사로이 사용하거나 개인의 욕심을 채우는 일에는 언감생심 엄두도 내지 못했다. 그러나 율법을 지키지 않고 율법을 넘어 자유로운 믿음생활을 하게 된 현재에는 십일조나 헌물(金)에 자유로울 뿐 아니라 지출에서도 자유로워 혹 부정이 있을 것을 염려하여 인간적으로 관리위원을 만들어 제도적인 관리를 한다.

교회의 시험요소 중 가장 많이 드는 것이 물질로 인한 시험이다. 이 일에 대하여 목사는 관리 책임자요 운영자로 운영의 묘를 살려야 한다. 교회의 수입원은 성도들이 내는 헌금(십일조, 감사헌금, 절기헌금, 주일헌금, 특별헌금 등)을 재원으로 하고 있다. 이는 교인들이 믿음으로 내고 맡은 자들이 잘 관리함으로 온 교인이 기쁨으로 참여한다.

유럽이나 미국에서는 임종시 재산을 교회에 바침으로 교회운영의 재원이 되기도 하지만 아직 한국에서는 그런 분위기가 되지 못했다.

02 재정을 위하여 일상생활을 열심히 하여야 한다

성도는 부지런히 돈을 벌어 헌금할 것을 마련해야 한다. 믿음으로 한다고 하면서 없는 것을 쥐어짜기만 하면 부작용이 생긴다.

주님은 여리고에서 이러한 비유를 말씀하셨다.

어떤 귀인이 왕위를 받아가지고 오려고 먼 나라로 갈 때에 종 열을 불러 은화 열 므나를 주며 "내가 돌아올 때까지 장사하라."고 하였다. 귀인이 왕위를 받아가지고 돌아와서 은화를 준 종들을 각각 불러 보고를 받았다.

첫째가 "주인이여 당신의 한 므나로 열 므나를 남겼나이다." 고 하자 "잘하였다. 착한 종아 네가 지극히 작은 것에 충성하였으니 열 고을 권세를 차지하라." 하고 그 둘째도 "주인이여 당신의 한 므나로 다섯 므나를 만들었나이다." 하니 "주인이 그에게도 너도 다섯 고을을 차지하라." 하고 또 한 사람이 와서 "주인이여 보소서 당신의 한 므나가 여기 있나이다. 내가 수건으로 싸 두었었나이다. 당신이 엄한 사람인 것을 내가 무서워하여 당신은 두지 않은 것을 취하고 심지 않은 것을 거두나이다." 고 하자 "악한 종아 내가 네 말로 너를 심판하노니 너는 내가 두지 않은 것을 취하고 심지 않은 것을 거두는 엄한 사람인 줄로 알았느냐? 그러면 내 돈을 왜 은행에 맡기지 아니하였느냐 그리하였으면 내가 와서 그 이자와 함께 그 돈을 찾았으리라." 하고 "그 한 므나를 빼앗아 열 므나 있는 자에게 주라." 하였다.

그리고 결론으로 이렇게 말한다. "무릇 있는 자는 받겠고 없는 자는 그 있는 것도 빼앗기리라(눅19:12-26)."

여기에서는 균등분배 차등이익을 말하나 마태복음에는 차등분배 차등 이익을 말한다.

어떤 사람이 타국에 갈 때 그 종들을 불러 자기 소유를 맡김과 같으니 각각 그 재능대로 한 사람에게는 금 다섯 달란트를, 한 사람에게는 두 달란트를, 한 사람에게는 한 달란트를 주고 떠났다.

다섯 달란트 받은 자는 바로 가서 그것으로 장사하여 또 다섯 달란트를 남기고 두 달란트 받은 자도 그같이 하여 또 두 달란트를 남겼으되 한 달란트 받은 자는 가서 땅을 파고 그 주인의 돈을 감추어 두었더니 오랜 후에 그 종들의 주인이 돌아와 그들과 결산할 새 다섯 달란트 받았던 자는 다섯 달란트를 더 가지고 와서 "주인이여 내게 다섯 달란트를 주셨는데 보소서 내가 또 다섯 달란트를 남겼나이다." 하자 그 주인이 "잘하였다. 착하고 충성된 종아 네가 적은 일에

충성하였으매 내가 많은 것을 네게 맡기리니 네 주인의 즐
거움에 참여할지어다.” 하고 두 달란트 받았던 자도 와서
“주인이여 내게 두 달란트를 주셨는데 보소서 내가 또 두
달란트를 남겼나이다.” 하자 그 주인이 “잘하였다. 착하고
충성된 종아 네가 적은 일에 충성하였으매 내가 많은 것을
네게 맡기리니 네 주인의 즐거움에 참여할지어다.” 하고
한 달란트 받았던 자는 와서 “주인이여 당신은 굳은 사람
이라 심지 않은 데서 거두고 헤치지 않은 데서 모으는 줄을
내가 알았으므로 두려워하여 나가서 당신의 달란트를 땅
에 감추어 두었었나이다. 보소서 당신의 것을 가지셨나이
다.” 하자 그 주인이 “악하고 게으른 종아 나는 심지 않은
데서 거두고 헤치지 않은 데서 모으는 줄로 네가 알았느냐?
그러면 네가 마땅히 내 돈을 취리하는 자들에게나 맡겼다
가 내가 돌아와서 내 원금과 이자를 받게 하였을 것이니라.
그에게서 그 한 달란트를 빼앗아 열 달란트 가진 자에게 주
라. 무릇 있는 자는 받아 풍족하게 되고 없는 자는 그 있는
것까지 빼앗기리라.” 하였다(마25:14-29).

03　목사는 헌금의 본을 보여야 한다

목사가 자기는 헌금하지 않으면서 교인들에게 헌금을 강조할 수 없다.

교역자가 생활이 어렵기도 하지만 모든 헌금에 참여하는 것은 힘든 일이기는 하다. 그러나 생활이 어렵다고 해서 헌금에 동참하지 않는 것은 교인들에게 어려우면 헌금을 하지 않아도 된다고 가르치는 것과 같다. 헌금은 여유로울 때에만 하는 것이 아니다. 어렵고 힘들 때에도 참여함이 하나님께 영광이고 축복 받을 기회다.

헌금을 미리 준비하여야 참 연보답고 억지가 아니다.

이것이 곧 적게 심는 자는 적게 거두고 많이 심는 자는 많이 거둔다 하는 말이다. 각각 그 마음에 정한 대로 할 것이요 인색함으로나 억지로 하지 말 것은 하나님은 즐겨 내는 자를 사랑하시기 때문이다(고후9:5-7).

마게도니아교회는 환난의 많은 시련 가운데서 넘치는 기쁨과 극심한 가난이 그들로 하여금 풍성한 연보를 넘치도록 하게 하였다(고후8:2).

목사가 기꺼이 헌금함은 교인들로 하여금 본이 되는 생활이다.

04   헌금하는 방법

화란 개혁주의 교회에서는 예배시간에 헌금을 여러 번 한다.

첫 번째 것은 교역자의 생활비, 두 번째 것은 교회 운영비, 세 번째 것은 구제비 등 한 번의 예배 시간에 헌금을 나누어서 한다.

미국장로교회에서는 우리와 같이 봉투를 사용하지만 주일헌금은 모자처럼 생긴 놋쇠 쟁반에 한다. 그 이유가 어디에 있는지 모르겠다.

우리는 헌금대를 사용한다. 그러나 이는 언젠가는 시정되어야 할 것이다. 교회당 안에 연보함이 있는데 굳이 또 헌금주머니를 돌려야 하는 것이다.

주님은 자발적으로 헌금하는 것을 좋아하셨지 거두어내는 것을 원하시지 않았다(고후9:7).

우리는 선교사가 왔을 때 믿음 좋은 여성도가 마지막 양식을 털어서 밥을 했는데 먹고 싶어서 침을 흘리고 있는 아이들에게 "선교사님이 남기면 먹자."고 했으나 사정을 모르는 체구 큰 선교사가 다 먹자 "엄마, 물 말았네." 하고 울었다는 얘기를 들은 적이 있다. 영문을 모르는 선교사가 그 큰 갈색 눈동자를 이리저리 돌리다가 자초지중을 알고 논을 사 주어 잘 살았단다. 어쩌고 하는 한국교회 초창기 때의 얘기다. 지금은 잘 사는 시대가 되어서 옛이야기가 되었지만.

3년 6개월 동안 비가 오지 않았는데 사렙다 과부는 엘리야를 대접하고 바닥을 긁었으나 가루가 매번 계속적으로 나왔다는 얘기를 안다(왕상17:10).

오종덕 목사님은 교인들에게 어렵다고 사례를 안 받거나 작게 받는 경향이 있는데 "사례는 제대로 받고 헌금을 많이 하라."고 하셨다.

의무를 다한 사람이 권리를 주장할 수 있다.

목사는 모든 일에 본이 되어야 하는데 헌금도 본이 되어야 한다. 혹자는 제사장은 헌금하지 않는다는 묘한 이론을 갖다 붙여 헌금을 잘 하지 않는 수가 있다. 그러나 목사가 제사장의 직무를 수행한다 해도 제사장은 아니다. 주님 앞에서 모범된 양이어야 한다.

05 교회의 재정지출에 대하여

교회는 주님을 머리로 성도들을 몸으로 조직된 지상의 거룩한 단체이다. 그러나 육신을 가진 인간들이 모인 모임을 운영해 나가고자 하면 물질이 필요하다.

먼저 교회 재정운영을 위하여서는 조직이 필요하다. 재정부장이나 회계를 세워 집행하지만 최종책임자는 담임 목사이다. 그럼으로 담임 목사가 기도하는 재정 수입이나 지출을 교인들이 함부로 하지 않도록 관리 감독하여야 한

다. 1년의 계획과 집행 원칙은 공동의회(혹은 교인총회)에서
정한다. 그리고 공동의회에 통과하지 않은 지출은 제직회
를 통하여 결정한다. 모든 수입과 지출은 매월 모이는 제직
회에서 보고를 받는다. 그리고 긴급을 요하는 지출 건이 발
생하거나 추가지출을 필요로 하는 안건이 생기면 재정부
장이 목사의 허락을 받아서 지출하고 다음 제직회 때 보고
한다. 목사도 모르는 거액의 긴급지출은 있을 수 없다.

교회에 따라서는 공동의회나 제직회를 통과한 안건이라
도 상한선을 두어 얼마 이상은 목사의 재가를 받으며 얼마
이하는 재정부가 임의대로 지출하도록 제도를 세워 놓을
수도 있다.

1년이 가도록 목사가 모르는 지출은 있을 수 없다. 왜 그
렇게 했느냐고 물으면 사회생활에 능숙한 장로는 '전결'
이라는 제도가 있는데 재정부장이 전결하여 처리한 것이
라고 대답한다. 이는 맞는 말이 아니다. 전결은 결재권자
가 일부의 권리를 책임자에게 결재를 허락함으로 허락 받
은 한도 내에서 집행하는 것이지 목사도 모르게 멋대로 지

출해 놓고 전결 처리했다고 말하는 것은 언어도단이다.

일반 회사로 치면 회장이나 사장 몰래 임의대로 재정을 집행해 놓고 전결처리를 했다고 말할 수 있겠는가? 물론 목사가 사사건건 작은 수입과 지출을 챙길 필요는 없다.

재정 관리는 교회 운영에 필요한 행정업무의 일부이지 목사 직무의 전부는 아니다. 만일 목사가 일일이 그것만 챙기고 있으면 하루 종일 그 일에 매어 있어야 할 것이다.

06 사람이 보도록 정리하여야 한다

간혹 목사에게 재정에 관하여 비리가 있다고 시비를 걸어오는 경우가 있다.

그 경우 시비를 걸어오는 이는 분명히 목사에게 비리가 있다고 말하고 목사는 죽어도 양심상 비리가 없다고 한다. 그러나 이 경우는 둘 다 맞는 말이면서 또한 맞지 않는 말이다. 비리가 있다고 말하는 경우는 장부상에 증명할 수 없는 것이 많으므로 개인이 착복했다고 말한다. 이것이 고발 조치되면 세상법정에서는 교회라는 특수집단을 이해하기 보다 일반집단을 판결하는 법규를 적용한다. 다급해진 목 사가 이것저것을 맞추어 자료 제출을 하면 이번에는 항목 유예라는 것이 하나 더 추가된다. 목사는 하나님 앞에서 일 점 부끄러움이 없으므로 부정한 짓을 안 했다고 말한다. 그 래서 이것이 사건화 되면 고지식한 교인들은 서로 양보하 지 않고 의구심은 자꾸 커지기만 한다. 더욱 교인들이나 교 역자는 고정관념에 사로잡힌 사람들이라 양보하는 것은 미덕이 아니라 자신을 부정한 사람으로 간주하는 줄 알고 물러서지 않는다. 그러면 이 일을 어떻게 해결해야 되는 가? 이기는 편에 양보하라고 해도 응하지 않는다.

방법은 간단하다. 교인들이이나 세상 사람들이 시비를 걸어오지 않도록 빌미를 제공하지 않아야 한다. 고발자나 피의자가 착각하는 것이 하나있다. 교회의 일은 모든 일이 하나님 앞에서 행했으므로 자기의 하는 일이 틀림없다고 믿기 때문이다. 아니다! 우리가 회의를 하고 문서를 정리

하는 등의 행정조치를 취하는 것은 하나님 앞에 보시도록
하는 것이 아니라 사람들에게 보도록 하는 것이다. 지상의
교회는 개성 있는 교인들이 모여서 된 집단이므로 하나님
뿐 아니라 사람(성도)중에 누가 보아도 객관성이 있게 처리
해야 한다. 즉 교회 재정을 하나님 앞에서 처리하되 인간이
보라고 처리하는 객관성이 있어야 한다.

고발자도 교역자가 하나님 앞에서 주의 일에 사용했다
고 믿어주는 아량이 필요하고 교역자는 교인이나 사회 누
가 보아도 납득이 가도록 문서상으로 흔적을 남겨야 한다.
하나님 앞에서 잘 처리했다고 주장해도 상대방이 이해를
해 줘야 소용 있는 것이지 상대방이 마음에 바리케이트를
치고 보면 모든 것이 자기변명이고 억지가 된다.

07 교회 재정은 하나님의 것이다

만일 목회자가 하나님의 헌금을 고의적으로 착복했다고

하면 용서받지 못할 일이다. 옛날부터 목사는 이성과 재물과 명예욕을 조심하라고 하였다.

다윗이 우리아의 아내를 범했을 때 하나님은 나단 선지자를 보내어 이렇게 책망한다. "네 주인의 집을 네게 주고 네 주인의 아내들을 네 품에 두고 이스라엘과 유다 족속을 네게 맡겼다. 만일 그것이 부족하였으면 내가 네게 이것저것을 더 주었으리라(삼하12:8)."

목사는 교회에서 일어나는 재정문제로 인한 시험이 파국으로 치닫지 않도록 사전에 신뢰를 쌓아 놓아야 한다.

정상적인 교회라면 목사가 하는 전도, 선교, 구제 사업을 고의적으로 반대하지 않을 것이다. 그렇다면 수입 지출을 객관성 있게 처리함으로 원활한 운영을 해야 한다.

목사가 주의 일을 위하여 재량을 가지고 집행하는 재정도 개인의 것이 아니고 공유재산이다. 그러므로 부동산 등은 반드시 제직회나 당회에서 결의에 의하여 처리하므로 흔적을 남겨야 하고 일반 재정은 재정 담당이 지출하도록 해야 한다.

설령 목사가 전도, 선교, 구제 등 교회운영에 필요하여 지출했다 해도 지출결의서에 사인을 해놓고 가져가야 하고 영수증 처리를 해야 한다. 교회 재정 모두를 목사가 주관하고 우물쭈물 해서는 안 된다.

목사는 하나님이 먹여 주시고 입혀 주시는 것을 잊지 않도록 하자. 더러운 이를 탐하지 아니하여도 하나님이 입을 것과 먹을 것을 주신다(딤전3:8, 딛1:7). 먹을 것과 입을 것이 있으면 족한 줄로 알자(딤전6:8).

주님은 한 사람이 두 주인을 섬기지 못할 것이니 혹 이를 미워하고 저를 사랑하거나 혹 이를 중히 여기고 저를 경히 여김이라 너희가 하나님과 재물을 겸하여 섬기지 못하느니라. 목숨을 위하여 무엇을 먹을까 무엇을 마실까 몸을 위하여 무엇을 입을까 염려하지 말라. 목숨이 음식보다 중하지 아니하며 몸이 의복보다 중하지 아니하냐고 하셨다(마 6:24-25).

하나님은 살아 계신다. 예수님을 찾아 온 청년이 구원에 대하여 묻자 재물을 가난한 사람들에게 나누어 주고 나를 따르라고 하셨다. 그러나 청년이 재물이 많으므로 이 말씀을 듣고 근심하며 갔다. 재물은 이와 같이 양보하기 어려운 것이다. 예수께서 제자들에게 "내가 진실로 너희에게 이르노니 부자는 천국에 들어가기가 어려우니라. 낙타가 바늘귀로 들어가는 것이 부자가 하나님의 나라에 들어가는 것보다 쉬우니라." 하셨다. 제자들이 듣고 몹시 놀라며 "그렇다면 누가 구원을 얻을 수 있으리이까?' 라고 하였다.

예수님은 "사람으로는 할 수 없으나 하나님으로서는 다 하실 수 있다." 고 하셨다. 우리가 평소에 생각하면 어려운 일이라도 성령님께서 함께 하시면 능히 할 수 있다.

베드로가 나서서 "우리가 모든 것을 버리고 주를 따랐사온데 그런즉 우리가 무엇을 얻으리이까?' 하고 묻자 "세상이 새롭게 되어 인자가 자기 영광의 보좌에 앉을 때에 나를 따르는 너희도 열두 보좌에 앉아 이스라엘 열두 지파를 심판하리라. 또 내 이름을 위하여 집이나 형제나 자매나 부모나 자식이나 전토를 버린 자마다 여러 배를 받고 또 영생을 상속하리라.고 하셨다(마19:22-29)."

지금까지 많은 교회가 재정문제로 시험에 들곤 하였다. 목사는 이 일을 사심 없이 처리하여 성직자로서 처신 하여야 한다. 우리는 재물보다 더 귀한 생명을 바쳐 주의 일을 하기로 작정하고 나선 사람들이다. 우리는 교인들에게 십일조에는 축복이 있다고 큰소리 쳤다. 그러나 충성스러운 마음으로 애써한 십일조를 우리 자신이 착복하는 경향도 있다. "사람이 어찌 하나님의 것을 도둑질하겠느냐 그러나 너희는 나의 것을 도둑질하고도 말하기를 우리가 어떻게 주의 것을 도둑질하였나이까 하는도다 이는 곧 십일조와 봉헌물이라(말3:8)."

우리는 하나님의 것을 숨긴 아간이나 게하시의 깨끗하지 못한 행동을 보며 교훈을 얻는다. 가룟 유다가 시험에 든 것은 물질 때문이었다.

헌금은 아껴 써야 한다. 그것은 하나님의 것을 소중히 여길 때에 가능하다. 목사가 교회 재정을 아끼지 않으면 교인들이 헌금할 의욕을 상실한다.

♪ 부름 받아 나선 이 몸 어디든지 가오리다.

13

목사의 상담

01 목회상담의 의의

하나님의 말씀이 개인에게 전달되는 것이 목회라면 하나님의 복음을 인간에게 전달하는 것이 목회상담이다. 목사의 역할은 분열된 인간, 즉 죄로 고민하는 인간이 사죄를 입어 인격의 재형성을 요구하는 인간에게 하나님의 대답을 전달하는 것이다. 따라서 목회상담은 목회적 대화를 기초로 하고 있다. 목회자와 개인의 관계를 통하여 인간의 일을 하나님과, 하나님의 말씀에 의하여 가지고 있는 하나님과의 관계를 형성하는 것이다. 즉, 목회상담이란 개인의

문제로 도움을 구하는 자와 목사가 면담관계에 있어서 문
제 해결을 구하는 개인이 해답을 얻고 성령의 사역에 의하
여 세움을 입고, 그리스도인으로 인격의 성장을 경험하게
하는 것이다(정성구, 실천신학개론, 총신출판부, 사당동 31-3
pp254-254). 단순이 개인의 내면적 성장을 도와주고 개인
의 잠재력을 개발해서 자아결단을 촉구하도록 하는 일만
말함이 아니다.

목회자의 목적이 영혼구원인 이상 목사는 내담자(來談
自, client)자와 함께 성령의 역사로 말미암아 그리스도에게
인도되어 내담자 자신이 결단을 갖도록 한다.

여기에서 내담자는 때때로 치료(治療, medical care)하고,
구제(救濟, help aid)하고, 위로(慰勞, recognition)한다.

목회상담은 교회라는 신앙공동체에서 일어나며 여기에
서 모든 신앙인들이 '하나님의 완전한 상담(相談)'을 받아
왔음이 증명된다. 구속함을 받은 신앙공동체인 교회는 풍
부한 상담과정(The Whole Counsel of God) 기회와 인격성
장의 표준을 마련해 준다. 목사가 그 교회의 얼굴인 것처럼

목회상담은 목회자의 얼굴이다.

건강한 교회는 대게 목사와 교인 사이에 인격적 관계가 유지된다.

목사는 여러 계층의 사람과 만나기 때문에 자연히 개인의 심리문제를 연구하게 되고 임상연구의 결과를 참고하게 된다. 목회상담을 잘하려면 여러 가지 보조 학문을 필요로 한다(정성구, 실천신학개론, 총신대학출판부, 사당동 31-3 pp153-157).

목회상담은 성경은 물론 철학, 논리학, 수사학, 심리학 등 여러 가지 학문을 바탕으로 한다.

02 내담자의 성격과 성공적인 목회상담

목회상담은 개체교회가 클럽이 아닌 생명구조소로, 박물관이 아니라 영적 삶의 병원이나 정원으로 변화되는 것이다. 인간이 영적암초에 걸려 좌초하여 파손당한 우리의 생명을 구조하는데 도움을 준다.

목회상담은 인간과 그들의 관계 그리고 그들의 집단을 새롭게 변화시키는 도구가 됨으로 교회 발전을 새롭게 한다.

목회상담은 새로운 통찰력을 창조하고 근심과 죄의식의 이기심으로 전에는 미처 몰랐던 아름다움, 비극, 고통을 회복시킬 수 있는 안면을 갖게 한다(하워드J, 클라인벨(박근원 역)전망사, 서울종로구 사직동304-46, PP15-17).

일반 상담이 (지시적이거나 비지시적이거나를 막론하고) "문제점을 찾고 문제를 해결하여 인간의 죄에 익숙한 속성을 해결하고 마음의 시원함을 해결하는데 있다."고 한다면 목회상담은 상담자와 내담자가 함께 주님의 말씀 내지는 주님을 찾아 그 짐을 예수그리스도께 맡겨서 그리스도의 뜻을 찾는데 있다.

"너희가 손을 펼 때에 내가 내 눈을 너희에게서 가리고 너희가 많이 기도할지라도 내가 듣지 아니하리니 이는 너희의 손에 피가 가득함이라. 너희는 스스로 씻으며 스스로 깨끗하게 하여 내 목전에서 너희 악한 행실을 버리며 행악을 그치고 선행을 배우며 정의를 구하며 학대 받는 자를 도와 주며 고아를 위하여 신원하며 과부를 위하여 변호하라 하셨느니라. 여호와께서 말씀하시되 오라 우리가 서로 변론하자 너희의 죄가 주홍 같을지라도 눈과 같이 희어질 것이요 진홍 같이 붉을지라도 양털 같이 희게 되리라(사1:15-18).”

내담자가 가지고 있는 문제점은 비슷한데 지역에 따라 내담자의 성품이 서로 다르므로 상담자는 이것을 속히 간파하여 상담에 응하여야 한다.

예를 들면 서양인은 공개적인 성격을 가지고 있기 때문에 “나는 이러한 사람이다.” 하고 들어오지만 동양인은 그렇지 않다. 서양인은 “나는 이러한 일로 당신을 찾아왔소.” 하고 제목부터 내세우지만 동양인은 성격이 음성적이어서 핵심을 바로 드러내지 않는다. 그래서 핵심에 바로 들어가지 않고 뱅뱅 돌려서 결론부분에 가서야 목적을 드러내는 성품이다.

목회상담에서 내담자를 만나면 처음에는 주제와 별개인 지엽적인 문제를 나열해 놓음으로 무슨 말인가 잘 모른다. 오래 앉아서 대화하다보면 본론이 드러나며 어떤 것은 본론을 드러내기는 했어도 크게 강조하지도 못하고 마는 경우도 있다. 어떤 것은 그가 가고 난 후에야 "바로 그 말이었구나." 하고 깨달을 때도 있다. 동양인은 나선형 성격구조를 가지고 있기 때문에 본뜻을 이해하는데 시간이 많이 걸린다. 왜 그러느냐고 물으면 "쑥스러워서 말을 잘 못하겠다."고 한다.

03   목회상담의 실제

어떤 목회자는 미국이나 서양에서 신학을 전공하고 왔기 때문에 배우고 익힌 대로 상담을 시도한다.

목사의 서재나 새로운 방을 마련하여 '목회상담실' 이라는 문패를 붙여 놓고 특별한 날을 지정하여 '목회상담일' 로 정해 놓고 내담자를 기다린다. 그러나 이 경우 대부분은 실패를 한다. 왜냐하면 위에서 언급했거니와 음성적인 성격으로 자기를 파고드는 성품을 지닌 내담자가 목사가 앉아 있는 상담실을 노크하는 일은 쉽지 않다.

그러면 어떻게 해야 하는가?

지나가는 교인을 붙들고 "인생에 뭐 상담할 것이 있습니까?" 하고 묻거나 "아무거나 물어 보십시오" 하고 말을 시작하면 "나에게 왜 그런 것을 묻습니까?" 혹은 "제가 뭐 잘못 하였습니까?" 하고 반문할 것이다.

목사는 성도들 간에 하는 대화내용을 유심히 들어야 한다. 그 중에서 인생의 문제를 발견해야 한다. 아니면 주제와 먼 내용부터 접근해 들어가야 한다. 그것이 소기의 목적을 달성하지 못하고 미완성으로 끝난다 해도 성도의 삶의 주변에서 일어나는 여러 가지 문제점을 찾아서 해결해야 한다.

상담자가 내담자와 만나는 기회는 아주 좋은 기회이다. 그러므로 최선을 다해야 한다. 상담자의 목소리, 표정, 진지하게 듣는 모습 등은 내담자에게 때로는 문제 해결점이 되고 때로는 위로가 된다.

기본적인 것이지만 상담자는 내담자의 모든 것을 듣는 것으로부터 시작되어야 한다. 말을 다 듣고 보면 이미 80%의 문제는 해결된 셈이라고 한다. 상담자는 성질 급하게 자기가 결론을 내리려고 생각하지 말고 모든 것을 문제 해결의 주인이신 예수님께 갖고 가야 한다. 상담자가 자기의 경험에 비추어 볼 때 이건 아무것도 아니라고 자기의 경우만을 얘기하고 말면 내담자는 짐을 내려놓으려고 왔다가 오히려 더 많은 짐을 지고 무겁게 가야 한다. 문제 해결을 받으려고 왔던 내담자가 짐을 모두 내려놓고 시원한 마음으로 가야 한다.

예수님은 요한복음 4장의 수가성 여인에게 필요한 것은 시원한 생수, 즉 인생의 시원한 삶을 위한 원초적인 요소인 것을 쉽게 파악하고 그 물을 공급해 주겠다고 약속한다. 그리고 여인이 가지고 있는 당면문제인 가정문제(남편)를 받아서 해결해 주었다.

"수고하고 무거운 짐 진 자들아 다 내게로 오라. 내가 너희를 쉬게 하리라. 나는 마음이 온유하고 겸손하니 나의 멍에를 메고 내게 배우라. 그리하면 너희 마음이 쉼을 얻으리니 이는 내 멍에는 쉽고 내 짐은 가벼움이라(마11:28-30)”고 하였다. 예수님이 이 여인을 만난 목적인 예배 문제를 해결해 주었다.

여자가 물었다 “우리 조상들은 이 산에서 예배하였는데 당신들의 말은 예배할 곳이 예루살렘에 있다 하더이다.” 예수께서 “여자여 내 말을 믿으라. 이 산에서도 말고 예루살렘에서도 말고 너희가 아버지께 예배할 때가 이르리라. 너희는 알지 못하는 것을 예배하고 우리는 아는 것을 예배하노니 이는 구원이 유대인에게서 남이라. 아버지께 참되게 예배하는 자들은 영과 진리로 예배할 때가 오나니 곧 이때라 아버지께서는 자기에게 이렇게 예배하는 자들을 찾으시느니라.

하나님은 영이시니 예배하는 자가 영과 진리로 예배할지니라.”

여인은 개인문제와 가정문제와 민족의 문제를 해결 받

고 기뻐서 동네로 뛰어 들어가며 "선지자가 왔다"고 크게 외친다(요4:20-24).

목회상담은 예수님이 혹은 예수님의 말씀이 모든 것을 명쾌하게 해결해 주실 것이다. 그리고 기도해야 한다. 기도는 모든 문제를 해결하는 완전한 띠이다.

14

목사의 전도와 선교

01 전도와 선교

예수님이 오신 목적은 가르치시며(teaching), 복음을 전파하시며(preaching), 모든 병과 약한 것을 고치시기(healing) 위하여 오셨다(마4:23).

"인자가 온 것은 섬김을 받으려 함이 아니라 도리어 섬기려 하고 자기 목숨을 많은 사람의 대속물로 주려 함이니라(막10:45)"고 하셨다.

예수님은 천국 복음을 전파하시되 생명을 걸고 하셨다.

목회자로 세움을 입은 목사는 자기희생으로 교회를 세

우고 또 교회를 돌본다.

주님은 한 마을의 전도를 마치고 "우리가 다른 가까운 마을들로 가자 거기서도 전도하리니 내가 이를 위하여 왔노라(막1:38)"고 하셨다.

요한복음 4장 35절에 "너희는 넉 달이 지나야 추수할 때가 이르겠다 하지 아니하느냐 그러나 나는 너희에게 이르노니 너희 눈을 들어 밭을 보라. 희어져 추수하게 되었다"고 하셨다. 그 때가 아마 보리 추수 넉 달 전이니까 빈 밭이나 씨를 뿌려 놓았을 것이다.

예수님의 생애를 잘 표현한 복음서의 마지막은 제자(우리)들에게 주의 복음을 부탁하는 것으로 끝난다.

"하늘과 땅의 모든 권세를 내게 주셨으니 그러므로 너희는 가서 모든 민족을 제자로 삼아 아버지와 아들과 성령의 이름으로 세례를 베풀고 내가 너희에게 분부한 모든 것을 가르쳐 지키게 하라. 볼지어다. 내가 세상 끝날 까지 너희와 항상 함께 있으리라(마 28:19-20)."

"너희는 온 천하에 다니며 만민에게 복음을 전파하라.

믿고 세례를 받는 사람은 구원을 얻을 것이요 믿지 않는 사람은 정죄를 받으리라(막16:15-16)."

"또 그의 이름으로 죄 사함을 받게 하는 회개가 예루살렘에서 시작하여 모든 족속에게 전파될 것이 기록되었으니 너희는 이 모든 일의 증인이다(눅24:47-48)."

예수님은 부활 하신 후 갈릴리에 세 번째 나타나셔서 시몬 베드로에게 "요한의 아들 시몬아 네가 이 사람들보다 나를 더 사랑하느냐?" 하시고 "내 어린 양을 먹이라."고 하셨다(요21:14-18).

"이 사람들 보다 주를 더 사랑하는 자" 가 복음을 전파할 수 있다.

"주님의 어린 양" 이라고 하였다. 이 업무의 끝은 죽을 때 까지다.

"그가 고난 받으신 후에 또한 그들에게 확실한 많은 증거로 친히 살아 계심을 나타내사 사십 일 동안 그들에게 보이시며 하나님 나라의 일을 말씀하시니라. 사도와 함께 모이사 그들에게 분부하여 이르시되 예루살렘을 떠나지 말고 내게서 들은 바 아버지께서 약속하신 것을 기다리라. 요한은 물로 세례를 베풀었으나 너희는 몇 날이 못 되어 성령으로 세례를 받으리라. 하시고 그들이 모였을 때에 예수께 여쭈어 "주께서 이스라엘 나라를 회복하심이 이 때나이까?" 하니 때와 시기는 아버지께서 자기의 권한에 두셨으니 너희가 알 바 아니요 오직 성령이 너희에게 임하시면 너희가 권능을 받고 예루살렘과 온 유대와 사마리아와 땅 끝까지 이르러 내 증인이 되리라 하셨다(행1:2-8)."

신학계에서는 전도와 선교를 구분 짓기를 전도란 위치상 가까이 있는 구원 받지 못한 자에게 복음을 전파하는 것이요. 선교란 멀리 있는 구원 받지 못한 자에게 복음을 전파하는 것이라고 했으나 이것은 명확한 구별이 되지 못한다.

그러나 모든 것이 분업화되고 모든 목회가 신학 이론으로 세워지는 요즈음에는 전도와 선교를 구별하여 논리를 세우며 연구하고 있다.

02 전도가 무엇인가?

전도(傳道 Evangelism)는 단순하게 말하여 '복음의 선포' 인데 전도란 용어는 1938년 국제선교회협의 회에서 『세계기독교지도자들에게 의해 해석된 현대 세계를 위한 복음전도』란 책에 나타난 의미를 해석함에서부터 비롯되었다.

전도는 주님께서 친히 실천하신 일이고 부탁하신 일이고 제자들과 바울이 열심히 시행했던 일이다.

복음전도는 어느 곳이든지 단순히 복음을 전도하는 것을 말한다.

전도자란 신약적으로 복음을 맡은 선지자요 제사장인데 이에 종사하는 모든 사람을 일컫는다(엡4:11).

이는 곧 물로 씻어 말씀으로 깨끗하게 하사 거룩하게 하시고 자기 앞에 영광스러운 교회로 세우사 티나 주름 잡힌 것이나 이런 것들이 없이 거룩하고 흠이 없게 하려 하심이라(엡5:26-27).

오늘날 많은 전도자들이 개성, 웅변, 능력, 은사, 이적, 고난, 돌봄 등을 복음전도의 자체로 생각하는데 이는 잘 못된 사고방식이다.

성경은 복음 전도가 하나님에게서 나오고 하나님으로 말미암고 하나님에게 돌아간다(롬11:36)고 말하였다.

많은 사람을 모아 놓고 눈에 보이는 형식적인 성황을 이루는 것을 전도라고 생각할 수도 있으나 이것 역시 전도를 바르게 설명한 것은 아니다.

전도는 영혼 구원의 목표가 달성되어야 하고 예수님에 이르는 결과가 있어야 한다.

03   전도를 왜 해야 되는가?

주님의 명령이므로 전도해야 한다.

예수께서 하늘과 땅의 모든 권세를 내게 주셨으니 그러므로 너희는 가서 모든 민족을 제자로 삼아 아버지와 아들과 성령의 이름으로 세례를 베풀고 내가 너희에게 분부한 모든 것을 가르쳐 지키게 하라(마28:19-20)."고 하셨다.

"오직 성령이 너희에게 임하시면 너희가 권능을 받고 예루살렘과 온 유대와 사마리아와 땅 끝까지 이르러 내 증인이 되리라(행1:2-8)"고 하셨다.

우리는 이것을 '예수님의 지상 대명령' 이라고 말한다.

주님께서는 몸된 교회를 세우시면서 전도를 통하여 교회가 든든히 서게 될 것을 말씀하셨다.

초대교회는 사도들이 열심히 전도하는 가운데 바울의 합세로 "온 유대와 갈릴리와 사마리아 교회가 평안하여 든든히 서 가고 주를 경외함과 성령의 위로로 진행하여 수가 더 많아졌다(행9:31)."

교회부흥을 위하여 전도는 필요하다.

교회가 다른 방법으로는 부흥될 길이 없다.

십자가의 도가 멸망하는 자들에게는 미련한 것이요 구원을 받는 우리에게는 하나님의 능력이다. 하나님이 지혜 있는 자들의 지혜를 멸하고 총명한 자들의 총명을 폐하리라 하였으니 하나님께서 이 세상의 지혜를 미련하게 하셨다.

하나님의 지혜에 있어서는 이 세상이 자기 지혜로 하나님을 알지 못하므로 전도의 미련한 것으로 믿는 자들을 구원하시기를 기뻐하셨다(고전1:18-21).

하나님은 긍휼히 여길 자를 긍휼히 여기고 불쌍히 여길 자를 불쌍히 여기신다.

"입으로 예수를 주로 시인하며 또 하나님께서 그를 죽은 자 가운데서 살리신 것을 마음에 믿으면 구원을 받는다. 사람이 마음으로 믿어 의에 이르고 입으로 시인하여 구원에 이른다(롬9:15)."

누구든지 주의 이름을 부르는 자는 구원을 받는다. 그러나 믿지 아니하는 자를 부를 수 없다. 듣지 못한 이를 믿지 못한다. 그래서 전파하는 자가 필요하다(롬10:9-14).

복음은 전파하는 자가 필요하다.

보내심을 받지 아니하였으면 어찌 전파하리요 기록된 바 아름답도다 좋은 소식을 전하는 자들의 발이여 함과 같으니라(롬10:15). 영혼 구원을 위하여 전도가 필요하다. 그리고 전도를 통하여 교회가 부흥된다.

"너희 믿음의 확실함은 불로 연단하여도 없어질 금보다 더 귀하여 예수 그리스도께서 나타나실 때에 칭찬과 영광과 존귀를 얻게 할 것이니라. 예수를 너희가 보지 못하였으나 사랑하는도다. 이제도 보지 못하나 믿고 말할 수 없는 영광스러운 즐거움으로 기뻐하니 믿음의 결국 곧 영혼의 구원을 받음이라(벧전1:7-9)."

"그러므로 모든 더러운 것과 넘치는 악을 내버리고 너희 영혼을 능히 구원할 바 마음에 심어진 말씀을 온유함으로 받으라(약1:21)."

부지런한 교인을 만들기 위하여 전도는 필요하다.

전도하지 않으면 교인들이 나태해진다. 나태해지면 기강이 헤이해진다. 그러면 많은 문제점이 생기고 시험에 든다.

전도는 주님 오시도록 까지 지상의 교회가 시행하면서 기다리는 주요 사업이다. 말하자면 전도는 교회를 개인의 영혼을 구할 뿐 아니라 교회가 부흥되는 방법이며 마귀 사탄으로부터 교회를 보호하는 공격방어이다.

04 선교가 무엇인가?

초기에는 "선교란 지역적으로 멀리 있는 자들에게 복음을 전파하는 것이며 전도는 지역적으로 가까운 이들에게 복음을 전파하는 것" 이라고 하였으나 조금 더 나아가서 "전도란 문화가 같은 지역에 복음을 전파하는 것이며 선교는 문화적으로 다른 지역에 복음을 전파하는 것" 이라고 하였다.

예를 들어 우리나라 복음의 초창기에는 울릉도(于山國, 선교사 이일선 목사)나 제주도(耽羅國, 선교사 이기풍 목사)에 복음을 전파하는 것을 선교라고 하였으나 지금은 그렇지 않다. 그 때에는 알아들을 수 없는 언어와 음식과 습관이 있었으나 지금은 모든 것의 소통이 원활하기 때문이다.

선교에 대하여 바빙크(J. H. Bavinck)의 연구논문 『선교학 개론』에서 이렇게 말한다. "선교란 복음을 전달하는 활동, 즉 교회를 통하여 행해지는 본질상의 그리스도의 활동인데 교회는 최후 종말이 오기까지 지구상의 백성들을 회개시켜 그리스도를 믿도록 불러 그리스도의 제자를 삼고 세례를 주어 그리스도의 날이 오도록 까지 하는 복음의 초청행위이다."

05 한국인이 선교 개도국이 되어야 할 이유

한 때 선교의 열풍이 불어 구미 각국이 다투어 선교의 길을 갔다.

그 중에는 바람직하지 못한 선교단체도 있었다. 그것은 선교사가 가는 길을 뒤따라 정복자가 갔기 때문이다. 아프리카나 남미와 아시아가 그랬다. 그래서 이들이 개화되기는 했지만 지금도 이들은 스페인어, 포르투갈어, 영어를 사용하는 나라가 많다.

또한 피선교 국민으로 하여금 선교에 대한 회의를 느끼게 하였다. 즉 "선교란 침략의 전초 행위로 식민지 앞잡이들이 하는 것이다." 라는 인식을 주었다.

한국도 한국의 첫 철도 경인선이 개통될 때, 혹은 전기가 가설될 때 서양선교사들이 개입했음을 아는가?

근래에도 선교사를 내세워 사업에 이익을 보려했던 야심을 한국 선교부가 단호히 뿌리친 것은 다행한 일이다.

한 때 한국 선교의 초창기 때나 동남아 여러 나라에 벌목군들이 들어갈 때 알지 못하는 지형과 언어에서 누군가의 안내자가 필요했다. 그들은 고액의 임금을 제시하여 안내자가 될 것을 부탁하였고 어렵게 선교의 길을 가고 있는 선교사에게는 큰 유혹이 아닐 수 없었다.

피선교국의 국민수준이 향상되고 민도가 발달해가는 지금은 이들이 얼마나 정결하지 못한 선교를 했는가를 자타가 알게 되었다.

지금 한국 선교사의 숫자는 미국 다음으로 2위에 올라 있다. 미국이 4만 명, 한국이 2만 명 정도의 선교사를 파송하였다.

미국 선교부는 하던 사업을 점차 한국선교사들에게 이양하고 선교지를 떠나고 있다.

이들이 동남아나 아프리카에 선교하는 일에 부적격한 몇 가지 이유가 있다.

첫째. 외모에서 오는 거부감이다. 선교대상자들은 왜소하고 검거나 누런 피부를 갖고 있는데 이들은 키가 크고 백색 피부를 가지고 있어서 이질감이 든다. 그러나 한국 사람은 어느 곳에 가도 조금만 있으면 비슷한 피부색이 나온다.

둘째, 생활 습관이 맞지 않다. 서양선교사들은 양탄자를 깔고 침대를 놓고 의자를 놓고 산다. 그러나 한국 선교사는 그렇지 않다. 장판을 깔거나 가마니를 깔거나 맨 흙바닥에서도 살 수 있다.

셋째, 음식문화다. 서양선교사들은 본토인의 음식을 잘 먹지 못한다. 그러나 곱창, 번데기를 먹을 수 있는 한국 선교사들은 그들과 음식 문화를 맞출 수 있다. 포크나 스푼이 있어야 식사를 하는 서양선교사에 비하여 막대기 두 개를 꺾어 가지고 저분 삼아 음식을 먹으며, 상추쌈을 먹어 본 한국인은 본토인과 같이 손으로 음식을 먹을 수 있다.

넷째, 언어 문제다. 누구든지 어려서부터 익혀온 독특

한 억양을 벗어날 수 없다. 그러나 서양인들의 구르는 소리에 비하여 교착음인 아시아인의 소리를 한국인은 곧잘 흉내 낼 수 있다.

06 선교사의 예우

선교사가 선교지에 갈 때는 본국 본부는 지대한 특권을 주어서 보낸다. 우선 행정적으로 노회장권을 부여한다. 현장에 가서 목사를 세워야 하기 때문이다. 그리고 정한 선교비를 성의껏 조달해 준다.

선교사가 선교지에 가면 환율의 차이가 있고 물건 값이 싸서 본국에서 조달하는 선교비로도 생활하는데 큰 지장을 받지 않는다.

이들은 행정적으로 자유함을 얻는다.

어떤 나라에서는 집을 지키는 사람(House Keeper)을 두어 권총을 차고 수위를 하고, 여러 명의 가정부(House

Helper)를 두기도 한다.

이이들은 돌보고, 식사를 마련하고, 청소를 하는 일들을 분담해서 한다.

선교사들을 얽어매는 행정에서 자유로울 수 있다.

선교사들에게도 본국본부가 있고 현지에도 현지선교부가 있지만 일선 목회자들과 같이 특별한 규제는 받지 않는다.

우선 현지에 가면 선교대상자들은 물론 행정적으로 고위층을 상대하게 된다.

현지 운전면허증이 필요하여 운전학원에 등록을 하면 "집에 가만히 계시면 갖다 드리겠습니다." 하고 경찰서장이 면허증을 가지고 온다.

지방 행정관청 고위층이나 중앙정부의 고위층을 만날 수 있다.

이들은 선교사로 하여금 지역사회에 이익되는 사업을 하게 하기 위함이다. 그래서 국가적인 인물, 국제적인 인물이 될 수 있다.

07 선교사의 고충

한때는 한국에서도 선교의 열풍이 불 때가 있었다.

그러나 지금은 그 열풍이 하강기에 접어들고 있다. 선교 지도자들은 이를 유념해야겠다. 새로운 자세가 필요하고 새로운 전략이 필요하다.

목회가 다 그렇지만 선교는 주님의 양을 돌보는 사명자의 자기희생이고 평생 헌신이다. 그러나 선교의 달콤한 것만 좇다가는 목회자의 자세를 놓칠 수도 있다.

후원하는 교회가 부흥되어야 한다.

후원교회가 부흥되어 힘이 넘칠 때 선교도 활발하게 진행될 수 있다.

산모가 튼튼하여야 아기도 건강하다.

본국에서는 선교비 조달을 위하여 최선을 다하고 있는데 선교사가 나태하거나 잠자는 상태가 되어서는 안 된다.

한 때 바울이 개척했던 마게도니아교회는 본국 예루살렘교회를 지원한 일이 있다.

어떤 사람은 선교라는 명칭을 팔아 생활하는 이도 더러 있다.

필리핀 마닐라에는 선교사로 왔다가 주저앉아 그냥 지내는 이가 500여명, 태국 방콕에 500여명, 중국에 1천여명이 있다는 말이 있다. 이것은 떠도는 말이므로 실상을 파악하기는 어렵지만 여하튼 선교사라는 명목으로 주저앉아 있는 이들이 많이 있는 것도 사실이다.

수십만 선교사가 다 그런 것은 아니지만 그런 경우도 더러 있다.

08 선명한 선교를 위한 제언

지금 까지 선교는 보내는 자와 나가는 자와의 생각과 실제의 차이가 많았다.

선교사를 보낸 교회의 목사는 선교지 순방을 가면 순방과 더불어 관광을 하고 돌아 왔다. 물론 나간 김에 가보지 못한 곳에 대한 호기심도 있고 하여 그렇게 할 수 있다고 본다. 그러나 도가 지나쳐 관광하는 비중이 더 컸다.

그리고 돌아오면 구두 보고나 비디오, 프로젝트를 이용한 보고보다도 다녀온 걸로 그 사실을 사장(死藏)시켜 버렸다. 그래서 목사가 선교라는 이름으로 교회경비만 축낸 결과가 되었다.

선교는 교회 중진들이 뜻을 모아야 하고 일반 성도들이 동참해야 한다.

교회는 목사 뿐 아니라 주무자들이 함께 현지를 가보든지 대표를 선정하여 다녀옴으로 선교현지 사항을 알고 진실한 마음으로 후원해야 한다.

선교지에서 한 사람의 전도는 용이하지 않다. 선교사는 최소한 2년 동안은 현지어를 익혀야 하고 문화를 익혀야 한다. 그리고 어려운 조건하에서 전도의 열매를 거두어야 하며 그들로 하여금 현지 전도를 하도록 기다려 주어야 한다.

사회주의 국가의 국가 체제와 모슬렘권에서 숨어서 하는 전도가 얼마나 어려운가 하는 것을 알아야 한다. 아프리

카의 혹서(酷暑)와 해충들의 피해를 알아야 하고 체제가 다른 공산권 선교의 고충을 이해해야 한다. 본국 교인들이 본국에서의 사고방식을 그대로 가지고 "지금 몇 명이나 모이느냐? 교회당을 지었느냐?" 하고 다그치면 전도현장을 보여 주어야겠는데 실적은 없고 하여 이웃교회당을 빌려 간판을 바꾸어 달고 행사를 하고 사진을 찍는다.

현지 교인들은 여기에 익숙해 있고 하루에도 여러 차례 예배를 보아야 한다.

이미 본국 선교부와 끈이 떨어져 유리하는 선교사들의 거취도 연구할 필요가 있다.

교회는 기다릴 줄 아는 인내를 필요로 한다.

만일 한 사람이라도 전도되면 다행으로 알고 질적으로 성장시켜야 한다.

한 사람의 결과가 없다 해도 이국 민족에게 복음을 전한 것으로 만족해야 한다.

한국교회는 총회 조직을 기념하기 위하여 1913년 중국 산동성에 김영훈, 박태로, 사병순 목사를 파송했다. 이는

공자(孔子)의 사당이 있는 산동성을 공략하기 위함이었다
고 한다. 그러나 큰 뜻을 품고 출발한 이 선교는 소기의 목
적을 달성하지 못했다. 1917년 다시 방효원 목사를 중국에
선교사로 파송하였고 1936년에는 현지에서 낳아 자란 방
지일 목사를 파송하였으나 얼마 후 공산화로 인하여 철수
하고 말았다. 그러나 중국 선교는 언제 해도 한국에서 할
선교지이다.

15

목사의 교회교육

01 기독교 교육의 시작

기독교 교육 내지 교회 교육은 교회에서 행해지는 실천 신학의 한 분야로 존립해 왔으나 이미 그 분야가 크고 중요함으로 신학의 한 분야로 확장되어 연구하고 있다.

기독교는 처음부터 교육과 함께 시작한 종파이다.

히브리인들의 신명기 6장 교육선언 토라(The Torah)와 교육 전승과 가정 교육 등에서 기독교 교육의 진면목을 찾아 볼 수 있다. 이것이 학문화 된 것은 19세기 말 미국에서 발전한 주일학교에서 비롯되었다.

기독교 교육과 교육학은 다르다.

기독교 교육은 기독교 대학이나 기독교 교육기관에서 행하는 교육학을 의미하며 기독교학은 신앙을 바탕으로 한 학문을 정리한 것이다.

기독교 교육을 포괄적으로 품고 있는 종교학은 또 다르다. 어떤 종교기관이 사람들로 하여금 종교적 생활의 신앙적 바탕 상식을 이해하고 받아들일 수 있도록 추구하는 과정이다.

종교 교육학은 종교의 교리나 경전을 가르치는 것으로 끝나지 않는다. 그 교리를 충분히 이해하고 받아들여 믿고 실천하는 신자의 생활을 기대한다(정성구, 실천신학, 총신출판부, 사당동 31-3, 1988, pp 271-272).

서양에서는 각기 다른 종교에 따라 학문이 있고 실천 내용이 있어, 종교마다 세운 논리가 정확하다고 볼 수 없다.

교육(Education)이란 본래 'educare'인데 영어 'exploitation'에 해당되며 '이끌어 내다.'라는 뜻을 가지고 있다.

교육은 피교육자에게서 선천적인 재질과 흥미를 발견하고 독자적이고 창의적인 생활 방식을 수립하는 것이다.

기독교 교육은 이러한 것의 현상만 다루지 않고 하나님 중심의 교육을 말한다.

하나님에 대하여 가르치고 하나님의 말씀인 성경을 가르치므로 그리스도의 사람으로서 인격을 발전시키고 교회와 사회에서 기독교적인 인격을 가진 지도자를 양성하는 것이다.

기독교는 세상종교 중 한 종교가 아니다. 하나님은 세상의 많은 신 중 한 신이 아니다. 그는 절대적이고 유일하신 분이며 그를 의지하는 사람에게 인격적으로 만유의 원천이 되시는 분이다.

기독교는 예수 그리스도의 죽으심과 부활에 기초를 두고 있다. 그를 믿는 자에게 영원한 생명을 주신다.

그러므로 기독교 교육 목적은 처음부터 하나님 중심이며 예수 그리스도의 교육이다. 그리고 그 방법은 인격적인 하나님의 말씀을 기초로 한다.

성경은 하나님의 계시이고 인간이 참으로 의지할 유일한 법칙이다.

기독교 교육의 최고 목적은 '인간은 하나님의 피조물로 하나님의 형상을 가진 자로서 성숙한 그리스도인이 되도록 도와주는 것' 이다. 즉 올바른 기독교적 인생관을 형성하여 준다.

동시에 하나님의 사랑을 받은 자로서 하나님이 창조하신 자연과 세계를 바로 알고 바로 사용하도록 하여 준다. 기독교교육의 기초가 되는 성경에 대한 지식을 많이 알도록 도와주며 이에 대해 순종하도록 도와준다. 기독교의 사상과 인격을 널리 전해 주어야 한다. 기독교인으로서의 인격과 가치관이 가정과 그가 섭렵하는 사회에 편만하도록 도와준다. 또한 소명을 가진 그리스인을 교회의 내지선교와 외지선교활동에 유용한 역할을 하는 인격체를 길러야 한다(Ibid, pp,272-273).

02 기독교교육위의 위치

기독교 교육은 영국에서 시작된 주일학교(Sunday School)가 미국으로 건너가 성장되어 선교사들을 통하여 우리나라에 전해졌다.

1885년 8월 3일 아펜젤러에 의하여 배제학당이 세워졌고 1885년 언더우드에 의하여 경신학교가 세워졌다. 그리고 1886년 5월 31일 스크랜턴 여사에 의하여 이화학당이 세워졌다. 이것이 우리나라 기독교 교육의 시작이다.

처음으로 세워진 교회는 1885년 황해도 장연 소래교회(松川敎會)이다. 이 교회는 선교사가 들어오기 전에 세워졌으며 선교사가 들어와서 1887년 9월 27일 새문안교회, 10월 9일 정동감리교회가 세워졌다, 이 교회를 세운 선교사에 의하여 교회교육도 시작되었다.

1888년 1월 15일 이화학당에서는 어린이 15명과 부인 3명이 성경공부를 시작한 것이 우리나라 주일학교의 시작이다.

1888년에는 배재학당 학생들이 여름방학을 이용하여 전국으로 전도여행을 떠났다. 그들은 복음을 전파하기 위하여 떠나기에 앞서 자신들이 모여 성경공부를 하고 효과적인 전도방법을 익혔다.

1882년 2월에는 스크랜턴 여사가 밤마다 여인들을 모아 놓고 성경공부를 하였다. 당시 한국(조선) 여인들이 밤에 외출하여, 그것도 서양종교를 배우는 일은 쉽지 않은 일이었다.

1894년 1월 8일에는 마펫(J. Moffet) 선교사가 평양에서 22명의 학생을 모아 놓고 학습을 하였다. 그리하여 1897년에는 6개 처의 주일학교가 시작되었다.

1900년에는 노블선교사 부인(Mrs. Noble)이 사범반을 조직하여 교사를 양성하였다. 주일학교는 해야겠는데 교사가 모자란 고로 2-3년 사범반을 양성하여 교사를 임명하였다.

한편 서울에서는 1908년, 온 주일학생이 통합으로 공부할 수 있는 통일공과를 발행하여 장년주일학교를 시작하였다.

1905년에 이르러서는 선교연합공의회(Federal Council of Missions)내에 주일학교 위원회를 조직하였다.

1911년에는 우리나라 사람들도 함께 위원이 되었다.

(김득용, 기독교 교육학 원론, 총신대학 출판부, 서울 동작구 사당동 31-3, pp152-160)

03   기독교 교육의 실제

기독교 교육은 교회가 확장(선교로 인한 부흥 발전)되면서부터 생긴 부흥 운동이다. 그러면 오늘날 우리가 부르는 주일학교가 맞느냐 교회학교가 맞느냐 하는 것이다. 기독교 교육은 학교나 기독교 교육이 가능한 단체에서 예수 그리스도에 대하여 가르치는 학문을 이른다고 볼 수 있다.

기독교를 바탕으로 하여 조직된 실제 명칭을 교회학교라고 하거나 주일학교라고 하거나 상관이 없겠으나 이는 엄연히 다른 분야라고 볼 수 있다.

교회학교(敎會學校, Church School)는 반드시 주일에만 이루어진다고 볼 수 없다. 교회가 주일에 모이는 공동체인 고로 틀린 말은 아니다. 그러나 교회학교는 주일에 모이든 평일에 모이든 교회를 학교화 하여 성경을 가르치는 것을 말한다.

이에는 직분론, 충성론, 은사론 등 많은 학문이 수종을 든다. 교사(敎師) 역시 타 직업에 소속된 이가 구원의 확신만 있으면 가르칠 수 있다.

주일학교(主日學校 Sunday School)는 주일에 교회에서 모이는 교회학교인데 커리큘럼을 세우고 시간을 할애하여 예수 그리스도를 가르치는 것을 말한다.

이는 주 안에서 인정을 받을 수 있는 교사가 예수 그리스도를 가르쳐야 한다.

이는 예배의 한 부분이며 교회교육의 한 분야다.

교회에서는 당회에서 지도자를 파송하여 지도감독을 육성하며 예산을 세우고 교회의 사업으로 최선을 다한다.

“그러므로 너희는 가서 모든 민족을 제자로 삼아 아버지와 아들과 성령의 이름으로 세례를 베풀며 분부한 모든 것을 가르쳐 지키게 하라” 의 “가르치고 지키는 것” 이 교육이다(마28:19-20). 유대인들은 매우 귀중한 금과옥조를 가지고 있다. 그것이 신명기 6장 말씀이다.

“양을 치고, 먹이는 것” 이 교육이다.

교육과 성장은 병행되어야 한다. 그래야 정상적인 양육(養育)이 이루어진다.

교회에서는 주일학교 전담 교역자나 교사를 두며 이를 연구하는 총회기관이 있어 발전하는 주일학교를 만들기 위하여 노력한다.

교회마다 계절, 혹은 학력에 맞는 계단공과를 사용하고 있으며 여름성경학교 등 특별교육을 한다.

교회의 모든 기관을 주일학교화하여 주일학교 유치부, 유년부, 초등부, 중등부, 고등부, 대학부, 청년부, 장년부로 나누기도 하며 장년부만은 제외시키기도 한다.

중, 고등부를 주일학교에서 분리하여 S. C. E. 혹은 S.

F. C. 라 하여 청소년 전담 기구로 조직 운영하기도 한다.

교회교육을 중요시함으로 교회내 단체가 아닌 교회 밖 (파라 처어치) 학생단체로 C. C. C. 나 네비게이토 등이 모여 성경을 가르치고 교회 학장을 위한 운동을 하기도 한다.

이들은 자발적인 운동임을 강조하여 교사를 따로 두지 않는다. 적당한 분을 선정하여 지도 위원으로 모신다.

한국교회가 부흥된 요인이 여러 가지가 있겠으나 그 중에서 가장 큰 요인은 교회교육 내지 주일학교 육성에 힘을 기울였기 때문이다.

16

목사의 독서생활

01   독서의 필요성

목사가 임직하면 매우 바쁘다. 여러 번의 설교를 해야 하고, 심방해야 하고, 틈을 내서 기도해야 하고, 성도들의 초청과 축하할 일과 결혼식과 초상집과 각종 행정과 노회 일 등 주위 일을 해야 한다. 그래도 성경은 늘 필요한 것이기 때문에 그 때 그 때 필요한대로 읽지만 교양서적은 멀리 하는 경향이 있다. 읽는 것이 스마트폰에 나오는 상식과 신문, 잡지 정도인데 이것을 가지고는 성도의 영적 배고픔을 채워 줄 수 없다.

성경이 전해 주어야할 알맹이라면 교양서적은 성경을 잘 포장해서 전해 줄 수 있는 도구이다. 성경을 많이 읽어야 하지만 독서도 열심히 해야 한다. 이것은 주식(主食)과 부식과 같은 것이다.

독서를 많이 하여야 필요한 문장을 구사할 수 있다.

문장은 성경 내용을 포장하여 성도들이 맛있게 받아먹을 수 있도록 만드는 보조 기구이다. 그러려면 우선 책을 많이 읽어 적재적소에 필요한 단어를 찾고 문장을 구사할 수 있다. 이것은 하루아침에 이루어지는 것이 아니다. 책을 많이 읽어 문장이 머리에 저장되어 있으면 표현방법이 훨씬 더 매끄럽다.

신학교 다닐 때에 익힌 학문이나 일반 문장을 여과 없이 그대로 토해 내는 것은 어린 양들로 하여금 거친 먹이를 그대로 주는 결과가 된다.

문장력이 부족할 때 말이 중복되게 되고 '기도합시다.' '충성합시다.' '헌금합시다.' 만 되풀이 하여 신선도가 떨어지고 진부한 느낌이 든다.

소설이나 시 혹은 수필을 많이 읽어야 한다. 그래서 그 것들이 좋은 자료로 저장되어 있을 때 매끄러운 문장을 구 사할 수 있다.

세계명작이나 고전은 다 못 읽었다 해도 우리나라의 유 명한 소설이나 시집을 읽었어야 하고 근래에 베스트셀러 가 되었던 작품, 근래의 유명한 문장으로 된 책을 읽어야 한다.

누에가 뽕을 먹어야 실을 뽑을 수 있다.

문장에는 문어체(文語體)가 있고 구어체(口語體)가 있다. 우리가 필요로 하는 것은 구어체이다. 그러나 문어체를 모 르면 구어체를 만들어 내지 못한다. 설교를 껄끄럽지 않고 매끄럽게 다듬을 수 있어야 한다.

02　독서에 대한 필자의 예

자랑하기 위하여 이 글을 쓰는 것은 아니지만 필자는 책을 상당히 읽었다.

전기가 들어오지 않는 두메산골 초롱불 밑에서 닥치는 대로 책을 읽었다. 당시에는 책을 구하기 어려웠으나 멀리 혹은 가까이 있는 분들 중 볼만한 책이 있는 분을 찾아가 빌려다 읽었다. 일기는 중학교 때부터 쓰기 시작하였고 편지를 많이 썼다. 한 때는 하루에 300쪽을 읽고 30쪽의 글을 썼다. 시나 소설은 고사하고 신문이나 잡지 등을 읽어도 300쪽을 읽으려면 정신이 없다. 고등학교 다닐 때는 『현대문학』과 『사상계』 두 권의 월간지를 읽었다. 청년시절 교역을 시작하기 전 일반 직장을 다닐 때에도 흔들리는 버스 안에서 글을 읽었다. 그래서 아예 집을 버스 종점에 얻어서 처음부터 앉아 가며 책을 읽었다.

기차나 버스 여행을 할 때는 가면서 한권, 오면서 한권 두 권의 책을 읽었다. 외국을 갈 때는 비행기 안에서 책 읽는 것이 너무 좋았다. 일기를 쓰든 편지를 쓰든 무엇이든 30쪽을 채웠다. 이것도 그 분량을 채우려면 정신이 없다. 일기를 되도록 길게 썼고 편지 보내는 것을 즐거워하였다.

어느 것은 답장이 왔고 어느 것은 답장이 없었으나 상관하지 않고 많은 편지를 보냈다.

하루에 7통의 편지를 받아 본 적이 있고 5통을 받은 일이 3번 있었다. 그 이하는 수두룩하였고, 물론 편지가 한 통도 안 오는 날은 우울한 날이었다.

이 일은 담임 목사가 되도록 까지 계속 되었다. 교회를 담임하고 보니 일도 바빴지만 손수 운전을 했기 때문에 책을 읽을 수 없었다. 마산으로 담임 목사를 갔다. 그곳에서는 여전도회연합회에서 1년에 한 번씩 불고기나 횟집에 가서 목사들을 대접하는 풍습이 있었다. 이것은 조수옥 권사님과 주경순 권사님 때 시작한 좋은 전통이다. 그날도 진동이라는 마을에 가서 아나고회를 대접하였다.

여 집사님들은 회원교회에 젊은 목사가 새로 왔다는데 얼굴을 한번 보고 싶었으나 눈길 한번 주지 않고 책만 보고 있었다고 한다. 다른 분들은 경치 구경도 하고 잡담도 하였지만 나는 읽고 쓰는 일의 분량을 채우기에 바빴다.

나중에 한 교회 여전도회 회장이 우리교회로 왔고 세월

이 지난 후에 그 얘기를 하여서 알았다.

젊어서부터 새벽기도를 끝내고는 잠을 자지 않았다. 한때 고려신학교를 졸업하고 우리 총회에 소속하여 목회를 한 바 있는 박희천 목사님(현 서울 내수동교회 원로)은 이렇게 말하였다.

"목사가 새벽기도하고 잠을 자면 교인들이 새벽기도 안 나옵니다. 왜냐하면 목사는 또 잘 수 있는데 우리는 잘 수 없어 피곤하다고 말합니다." 라고 하였다.

그 말을 들은 이후부터는 새벽기도 후에 잠을 자지 않았다. 책을 읽고 글을 썼다. 1980년부터 현재까지 11권의 책을 썼는데 지금 3권의 출판을 준비 중이다. 물론 이 책은 흔한 설교집이 아니라 연구서적이다.

필자 주위에 있는 친구(학교에서 나에게 국어를 배운 제자)가 문단에 등단하라고 권하여 잡지사(한국문학과 크리스천 문학)에 작품을 보내 문단에 정식으로 데뷔하였다. 현재 한국문인협회 시분과 회원, 국제 팬클럽회원이다.

그리고 여기저기에 글을 썼더니 교계신문(기독교보, 크리스천 한국, 부신 기독교신문)에서 논설위원의 칭호를 주었다.

물론 모든 목회자가 나와 같은 길을 걸으라는 말은 아니다. 그러나 부지런히 읽고 써서 말씀을 전하는데 보탬이 되었으면 하는 마음 간절하다. 소설과 시를 읽어라. 시간이 모자라면 수필부터 읽어라 100권만 읽으면 문장이 달라질 것이다. 도산 안창호 선생님은 "하루라도 책을 읽지 않으면 입에 가시가 돋는다."고 하였다.

남아수독오거서(男兒須讀五車書) 라는 말이 있다. 남자는 모름지기 다섯 수레의 책을 읽어야한다. 이 말은 본래 두보(杜甫)의 시에 나오는 글인데, 장자(莊子)가 친구 혜시(惠施)의 장서를 두고 한 말이다.

프란시스 베이컨은 이렇게 말하였다. "독서는 완성된 사람을 만들고, 담론(談論)은 기지(奇智)있는 사람을 만들고 작문(作文)은 정확한 사람을 만든다."

선친께서 우리 집에 오시면 걱정스러워하는 것이 하나 있었다. "저 책을 언제 다 읽느냐?" 아버님은 책이 귀한 시절에 한권의 책을 읽고 또 읽어 외우도록 하고 다른 책을 보셨던 기억을 가지고 하시는 말씀이다. "지금은 책을 많이 놓고 필요한대로 뽑아서 봅니다."라고 해도 실감이 나지 않았던가 보다.

지금은 책이 얼마나 많은가? 책이 얼마나 흔한가? 읽으면 몽땅 내 것인데 남이 읽고 인터넷에 올려놓은 글을 임시방편으로 옮겨다 쓰면 항상 갈급하다. 우리도 그랬지만 우리 선배들은 책을 사기 위하여 밥을 굶는 때가 많았다. 말하자면 한 권의 책은 가난한 신학생의 피와 땀이다.

책이 흔한 세상에 태어난 것을 감사하며 읽고 또 읽어 책에 대한 즐거움을 얻어야 한다. 여가 있는 대로 책을 읽고 남는 시간을 활용해야 한다.

17

목사의 취미생활

01   목사에게도 취미생활은 필요하다

목사도 사람인고로 취미생활이 있어야 하고 기호품이
있어야 한다.

앞에서 목사의 여행에 대하여 말하였거니와 목사들끼리
모여서 등산을 가고 여가를 즐길 필요가 있다. 매주 월요일
에 모여 등산을 하고 함께 식사를 하고 차를 마시며 정보를
교환하고 한담을 나누는 것은 스트레스 해소도 되고 친교
를 도모하여 목회 정보를 교환할 수 있는 좋은 기회다.

때로는 함께 사진을 찍으러 가고, 낚시를 하고 영화를

볼 수도 있다. 그러나 이러한 일은 1년에 한 두 번 혹은 몇 번으로 그쳐야 한다. 이것이 상습이 되어 깊이 빠지게 되면 목회에 지장을 초래한다.

앉아서 하는 취미로 선배들의 필적이나 육성이나 유품을 모으고, 우표나 오래된 화폐(貨幣)나 그림을 수집할 수도 있다.

02 필자의 취미생활

필자는 카메라를 구입하여 사진을 찍어 본 일이 있다. 그러나 이는 시간도 많이 빼앗기고 활동비도 많이 들었다. 그래서 연구하다가 잡지나 신문 창간호(創刊號)를 모아 보았다. 어느 것은 부산까지 가서 창간호를 사 오기도 하고 헌책방을 뒤지기도 하였다. 어느 것은 외국에 가 책방을 들려 사 오기도 하였다. 그래서 300여 권의 창간호와 10여 개의 창간 신문과 100여 권의 고서적을 모았다.

골동품, 특히 자기(瓷器)를 모아 보았다. 고려자기나 이조자기는 경제적인 부담이 커서 외국에 가면 그 나라의 특징적인 것을 사오기로 하였다. 그러나 이것들은 너무 짐이 되어 지금은 처분하는 단계이다. 어느 것은 서울 시립박물관에 기증했고 어느 것은 고신대학원 역사기념관에 기증하였다.

나는 숭실대학 역사기념관이나 성서공회, 찬송가공회에 있는 소장품이 그렇게 좋아 보일 수가 없다. 개인적으로는 옆 교회(창신교회)에서 목회하던 신세원 목사님이 모은 기독교 문화 유품을 아주 귀한 것으로 보았다. 지금 이 소장품들은 총신대학원에 기증하여 소장되어 있다.

옛날 교과서나 대학에서 프레쉬맨들이 배우는 개론(概論)을 모으기도 하였다.

바라기는 우리 신대원 역사기념관이 더 풍성한 소장품으로 채워지기를 바란다.

목사가 무엇인가 취미 하나쯤은 가지고 있음이 좋다.

비록 보지는 않아도 각국의 성경을 모아 보는 것도 바람

직한 일이다. 이것은 어렵지 않다. 세계160여 개국에 흩어져 사역하고 있는 선교사들에게 부탁하면 된다. 돌을 모으는 사람, 각종 십자가를 모으는 사람들, 매듭이나 악세사리를 모으는 사람도 있다. 그러나 이것은 어디까지나 취미여야 한다. 그것을 모으는 일이 주 업무가 되어서는 안 된다. 필자는 근래에 일반서적은 서울시 시립박물관에 일부는 고신대학원 역사 박물관에 기증하였다.

속담에 "동냥자루도 제 멋에 찬다."고 했는데 취미는 그 사람의 개성이어서 말리지 못한다.

적당한 취미는 잡념을 없애주고 하는 일에 활력을 불어넣어 주기도 한다.

18

목사의 가정생활

01   하나님의 창조 원리

성직자 중 승려나 신부는 가정을 갖지 않고 헌신하자만 목사는 결혼도 하고 자녀도 두어 사회생활을 하면서 성직을 수행한다. 일장일단이 있는 줄 안다. 독신으로 헌신하는 것은 그 일에 전념할 수 있어서 좋겠고 시간이나 물질을 절약할 수 있어서 좋을 줄 안다.

그러나 가정에 대하여 경험이 없으므로 성도를 지도하는데 사고방식이 부족할 수도 있다. 가정을 가진 목사는 부부와의 관계, 자녀양육 등 가정생활은 좀 더 알 수 있겠지만 그것 때문에 생활에 매이는 경우도 더러 있다. 승려나 신부나 수녀가 결혼하지 않고 성직을 수행하는 일은 특수한 예이지만 인간은 일반적으로는 결혼하여 자녀를 두고 살아야 한다.

가정을 갖는 것은 인간의 기본 요소다. 만일 세상 사람들이 다 결혼하지 않고 산다면 어떻게 되겠는가? 바울은 가정문제가 복잡한 고린도 교회에 이렇게 권면한다. "남자가 여자를 가까이 아니함이 좋으나 음행을 피하기 위하여 남자마다 자기 아내를 두고 여자마다 자기 남편을 두라. 남편은 그 아내에 대한 의무를 다하고 아내도 그 남편에게 그렇게 하라. 아내는 자기 몸을 주장하지 못하고 오직 그 남편이 하며 남편도 그와 같이 자기 몸을 주장하지 못하고 아내가 한다."

창세기 2장 20-25절에 아담이 돕는 배필이 없으므로 하나님이 아담을 깊이 잠들게 하시고 갈빗대 하나로 여자를 만들어 이끌어 오니 "이는 내 뼈 중의 뼈요 살 중의 살이라."라고 하였다. 그래서 남자가 부모를 떠나 그의 아내와

합하여 둘이 한 몸을 이룬다. 그들은 벌거벗었으나 부끄러
워하지 않았다.

02　부부의 윤리

부부는 분방하지 말 것인데 기도하기 위하여 합의상 얼
마 동안은 분방하면 곧 합하라. 절제한다고 장기간 분방하
면 사탄이 시험할까 두려워서 하는 말이다.

근래에 사랑의 분위기가 소원(疏遠)함으로 생각할 여유
를 갖고 싶다고 잠시 별거하는 이들이 있는데 이는 성경하
고는 맞지 않는 일이다.

바울은 자신과 같이 모든 사람이 가정에 매이지 않기를
바라는데 혼자 사는 것도 은사라고 하였다. 결혼하지 아니
한 자들과 과부들은 그냥 지내는 것이 좋지만 정욕이 불같
이 타는 것보다 결혼하는 것이 낫다고 하였다. 결혼한 자들
에게 갈라서지 말고 갈라섰다고 하면 그와 다시 합하라고

하였다(고전7:1-11). 이는 임박한 종말을 인식하며 하는 말이다.

하나님이 "사람이 혼자 사는 것이 좋지 아니하니 내가 그를 위하여 돕는 배필을 지으리라." 하고 하와(여자)를 만들어 아담(남자)에게 이끌어 오셨다. 즉 말하면 아담(남자)은 하와(여자)가 도와줌으로 완전하고 하와(여자)는 아담(남자)이 곁에 있으므로 완전하다(창2:21-25).

각기 풍습이 다르고 습관이 다르고 환경이 다른 생활을 했던 남녀가 한 집에서 사는 것이 쉬운 것은 아니다. 그러나 서로 양보하며 맞춰가며 살 때에 온전한 가정생활이 이루어진다.

신자에게 부부관계는 사랑을 나눌 수 있는 좋은 관계다. 남자가 여자를 가까이 아니함이 좋으나 음행을 피하기 위하여 남자마다 자기 아내를 두고 여자마다 자기 남편을 두라. 남편은 그 아내에 대한 의무를 다하고 아내도 그 남편에게 그렇게 하라(고전7:1-3).

잠언5장:18-19절에 "네 샘으로 복되게 하라. 네가 젊어서 취한 아내를 즐거워하라. 그는 사랑스러운 암사슴 같고 아름다운 암노루 같으니 너는 그의 품을 항상 족하게 여기며 그의 사랑을 항상 연모하라." 고하였다.

남편들은 자기 아내 사랑하기를 자기 자신과 같이 하라. 이는 그리스도가 교회를 사랑하여 보양하는 것과 같다(엡 5:28-33).

또 간음하지 말라 하였다는 것을 너희가 들었으나 나는 너희에게 이르노니 음욕을 품고 여자를 보는 자마다 마음에 이미 간음하였느니라. 누구든지 아내를 버리려거든 이혼 증서를 줄 것이라 하였으나 나는 너희에게 이르노니 누구든지 음행한 이유 없이 아내를 버리면 이는 그로 간음하게 함이요 또 누구든지 버림받은 여자에게 장가드는 자도 간음함이니라(마5:27-35).

"너희도 각각 자기의 아내 사랑하기를 자신 같이 하고 아내도 자기 남편을 존경하라(엡5:33)."

이것이 부부관계의 결론이다.

03 자녀 양육

자녀는 하나님이 주신 기업이요 상급이다(시127:3). 그러므로 자녀가 많은 사람은 복된 사람이다. 하나님이 주신 상급이 여러 가지인데 그 중에 아주 귀한 것이 자녀다. 자녀는 장수의 화살통에 있는 화살 같은데 화살이 화살통에 가득한 장수는 힘이 있다(시127:5).

하나님은 그 집에서 그 아이를 기를 수 있도록 기회를 주셨다.

자녀는 주의 교훈과 훈계로 양육하여야 한다(엡6:4). 성경은 성직자의 가정에 대하여, 그리고 자녀 교육에 대하여 심도 있게 교훈한다.

"감독은 책망할 것이 없으며 한 아내의 남편이 되며 절제하며 신중하며 단정하며 나그네를 대접하며 가르치기를 잘하며 술을 즐기지 아니하며 구타하지 아니하며 오직 관용하며 다투지 아니하며 돈을 사랑하지 아니하며 자기 집을 잘 다스려 자녀들로 모든 공손함으로 복종하게 하는 자라야 한다"(딤전3:2-4).

　성직자가 자녀교육을 제대로 시키지 못하여 주의 일 혹은 교회 일에 지장을 받는 다면 통탄할 일이다. 물론 인간은 각기 다른 개성이 있고 인격이 있는데 자녀를 부모 마음대로 할 수는 없다. 그러나 신앙만큼은 절대로 양보해서는 안 된다. 불신자들도 옛날부터 '엄친시하(嚴親侍下)에 효자가 난다.' 고하였다.

　부모만이 그 아이를 양육할 수 있는 적임자다. 제사장 엘리는 매우 늙어서 성직을 수행하기에 부족하였다. 그의 아들 홉니와 비느하스는 이스라엘 백성에게 누를 끼칠 뿐 아니라 회막문에서 수종드는 여인들과 염문을 뿌렸다. 엘리는 "너희가 어찌하여 이런 일을 하느냐? 내가 너희의 악행을 이 모든 백성에게서 듣노라. 내 아들들아 그리하지 말라. 내게 들리는 소문이 좋지 아니하니라. 너희가 여호와의 백성으로 범죄하게 하는도다. 사람이 사람에게 범죄하면 하나님이 심판하시지만 만일 사람이 여호와께 범죄하면 누가 그를 위하여 간구하겠느냐?' 고 나무랐지만 그들은 자기 아버지의 말을 듣지 않았다.

하나님은 '너희는 어찌하여 내가 내 처소에서 명령한 내 제물과 예물을 밟으며 네 아들들을 나보다 더 중히 여겨 내 백성 이스라엘이 드리는 가장 좋은 것으로 너희들을 살지게 하느냐? 그러므로 이스라엘의 하나님 나 여호와가 말하노라. 내가 전에 네 집과 네 조상의 집이 내 앞에 영원히 행하리라 하였으나 이제 나 여호와가 말하노니 결단코 그렇게 하지 아니하리라. 나를 존중히 여기는 자를 내가 존중히 여기고 나를 멸시하는 자를 내가 경멸하리라.' 고 하였다 (삼상2:22-29).

하나님은 주의 종 뿐 아니라 그 가족 까지도 정결한 사람이 되기를 원하신다.

성경은 자식을 때려서라도 가르치라고 교훈한다. 자녀교육을 방치하거나 포기하지 말라고 말한다.

매를 아끼는 자는 그의 자식을 미워함이라. 자식을 사랑하는 자는 근실히 징계하느니라(잠13:24). 아이를 훈계하지 아니하려고 하지 말라. 채찍으로 그를 때릴지라도 그가 죽지 아니하리라(잠23:13).

기도로 낳고 기도로 자라 선지자요 사사가 된 사무엘의 장자는 요엘, 차자는 아비야였고 아버지의 뒤를 이어 브엘세바에서 사사가 되었다. 그러나 백성들은 아버지보다 신앙과 처세가 미치지 못하는 아들들이 다스리는 것에 만족하지 않고 왕을 구했다. "보소서 당신은 늙고 당신의 아들들은 당신의 행위를 따르지 아니하니 모든 나라와 같이 우리에게 왕을 세워 우리를 다스리게 하소서." 라고 하였다(삼상8:2-5).'

안타까운 일이다. 그의 기도와 헌신이 당대에 끝나고 만 것은 아쉬운 일이다.

하나님은 사람들이 좋아하는 외모에 따라 사울을 세워 주었으나 그는 왕업을 감당하지 못했다.

우리나라에서도 이렇다한 목사들이 자녀 때문에 어려움을 겪은 예가 더러 있었다. 그 이유는 여러 가지가 있겠으나 주의 일을 한다고 자녀교육을 등한시 하지 않았는가 하는 생각이 든다.

국제 C. C. C. 총재 빌브라잇트 박사가 모처럼 마음먹고 아이들과 함께 눈썰매장을 가지로 약속 하였다. 그런데 하루 전날 어느 나라 수상이 만나자는 연락이 왔다. 한 시간 후에 대답하겠다고 하였다. 그리고 조금 후에 전화를 걸었다. "죄송하지만 선약이 있어서 시간을 낼 수 없군요. 대신 다음 기회에 귀국에 가면 꼭 찾아뵙겠습니다." 거절을 하고 아이들과 함께 눈싸움을 하며 하루 종일 놀았다고 한다. 아마 아이들은 이 날이 가장 행복한 날이었을 것이다.

감독은 자기 집을 잘 다스려 자녀들로 모든 공손함으로 복종하게 하는 자라야 하며(딤전3:4) 한 아내의 남편으로 자녀와 자기 집을 잘 다스리는 자여야 한다(딤전3:12).

성직도 잘 감당하지 못하면 하나님이 거두어 가신다. 부인이나 자녀가 협조하지 않으므로 목회를 제대로 못하는 이들이 더러 있다. 부인이 협조하지 않거나 자녀가 부덕스러운 일을 행함으로 목회에 걸림돌이 되는 경우가 있다. 끊임없이 기도하고 노력해야 한다. 목사는 교회목회보다 가정 목회가 더 어렵다는 말이 있다.

목사는 가정을 잘 다스려 교회에 덕을 세워야 한다.

괴테는 이렇게 말하였다. "임금이든 백성이든 자기 가정에서 평화를 찾는 자가 가장 행복한 인간이다."

여호와를 경외하며 그의 길을 걷는 자마다 복이 있도다. 네가 네 손이 수고한 대로 먹을 것이라 네가 복되고 형통하리로다.

네 집 안방에 있는 네 아내는 결실한 포도나무 같으며 네 식탁에 둘러앉은 자식들은 어린 감람나무 같으리로다.

여호와를 경외하는 자는 이같이 복을 얻으리로다.

여호와께서 시온에서 네게 복을 주실 지어다.

너는 평생에 예루살렘의 번영을 보며

네 자식의 자식을 볼지어다. 이스라엘에게 평강이 있을지로다.

여호와를 경외하며 그의 길을 걷는 자마다 복이 있도다.

네가 네 손이 수고한 대로 먹을 것이라 네가 복되고 형통하리로다.

네 집 안방에 있는 네 아내는 결실한 포도나무 같으며 네 식탁에 둘러앉은 자식들은 어린 감람나무 같으리로다

여호와를 경외하는 자는 이같이 복을 얻으리로다. 여호와께서 시온에서 네게 복을 주실찌어다 너는 평생에 예루살렘의 복을 보며 네 자식의 자식을 볼찌어다 이스라엘에게 평강이 있을찌로다(시128:1-6).

19

목사의 건강관리

01 건강은 필요조건이다

사람은 누구나 건강하기를 원한다. 건강하게 살면서 열심히 일하는 것은 행복한 일이다. 목사의 건강은 목사의 직무를 충실하게 하며 교회를 발전하게 한다.

하나님을 알지 못하는 사람들도 건강을 오복(壽, 富, 康, 德, 古終瞑) 중 하나로 여겼다.

건강은 우선 태어날 때 건강한 사람으로 태어나야 한다. 장애인이나 질병을 지닌 체 태어나는 것은 불행한 일이다. 그리고 목회자로서 어려움이 많다. 그래서 구약 때에는 '나실인' 으로 하나님의 일을 하게 하였다.

사는 환경이 좋아야 한다. 그중의 으뜸이 공기다. 공기 맑은 곳에서 햇빛을 잘 받고 좋은 물을 마셔야 한다. 이것이 건강하게 사는 삶의 기본 조건이다.

우리나라에서는 남향(南向) 집을 선호했으나 남반구에 있는 호주나 뉴질랜드에서는 북향(北向) 집을 선호 한다. 성경을 기록한 팔레스타인 지역에서는 동향(東向)을 좋은 쪽으로 여겼다.

환경이 좋아야 한다. 가정환경이 좋고 사회 환경이 좋아야 한다. 좋은 부모 밑에서 보호를 잘 받고 순탄하게 자라며 주위 사람들이 귀한 사람으로 보호해 주어야 한다. 축복된 삶이 바로 이런 것을 말한다. 귀한 사람으로 자라야 귀한 사람이 되며 목회 현장에서 생명의 귀중성을 안다.

그래서 복음송에는 "당신은 사랑 받기 위해 태어난 사람" 이라고 노래한다.

엘리는 엘가나와 그의 아내에게 "주님께 간구하여 얻은 아들을 다시 주님께 바쳤으니, 주님께서 두 분 사이에, 이 아이 대신에 다른 자녀를 많이 주시기를 바랍니다"(삼상

2:20)하고 복을 빌었다. 그들은 항상 이렇게 축복을 받고서 고향으로 돌아가곤 하였다.

이스라엘 백성들은 1년에 한 번씩 성전에 모여 제사를 드리고 축복을 받고 돌아간다. 목사가 건강한 것도 주의 축복이다. 우리는 이 축복을 소비하지 않도록 하여야 한다.

02 목회자의 건강

그러나 때로는 태어날 때부터 육신적인 장애를 지니고 태어나기도 하고, 또한 환경이나 자신을 잘 다스리지 못하여 질병에 걸리는 경우도 없지 않다.

바울은 자신을 시험하는 것이 내게 있었지만 성도들은 이것 때문에 나를 업신여기지도 아니하고 버리지도 아니하고 오직 하나님의 천사와 같이, 교인들이 그리스도 예수와 같이 영접하였다. 이들은 '바울을 사랑함이 눈이라도 빼어 주고 싶을 정도였다(갈4:14-15)' 고 하였다.

밀레도에서 에베소 장로들을 불러 마지막 말씀으로 당부하고 떠날 때에 다 크게 울고 바울의 목을 안고 입을 맞추었다(행20장).

교역자의 건강은 목회를 어렵게 하는 것도 사실이지만 최선을 다할 때 하나님의 능력을 체험하게 되고 교인들의 사랑을 받는다.

오히려 '이 보배를 질그릇에 가졌으니 이는 심히 큰 능력은 하나님께 있고 우리에게 있지 아니함을 알게 하려 함이라(고후4:7).'고 하였다. 기왕이면 보배 그릇이 깨끗하고 튼튼하면 더욱 좋다.

그는 이를 받아들일 때에 "여러 계시를 받은 것이 지극히 크므로 너무 자만하지 않게 하시려고 육체에 가시 곧 사탄의 사자를 주셨다(고후12:7)"고 하였다.

디모데도 위장이 좋지 않았다. 그래서 본인과 바울에게 늘 걱정이 되었다.

식사도 제 때에 하지 못하고 물만 마시고 있는 것이 안타까워 "물만 마시지 말고 포도주를 약간 쓰라(딤전5:23)."고

하였다.

그들은 맡은바 소임을 다했겠지만 목회자가 건강해야 전하는 복음도 건강하다.

03 건강에 대한 유념

술이나 담배나 마약 등은 건강한 육체를 사정없이 상하게 하는 주원인이 된다. 우리 몸은 주님을 모신 성령의 전(殿)이다. 그런고로 귀중히 여겨야 한다.

먹을 것을 먹고 삼갈 것은 삼가해야 한다. 삼가 조심하고 잘 가꾸고 보호하여야 한다. 어려운 목회환경에서 때로는 생활고와 자녀교육의 어려움을 겪기도 하며 열악한 환경에서 가정생활과 목회를 할 때도 있다. 그래서 후천적으로 질병에 걸리고 치료를 제 때에 못 받기도 한다. 규칙적인 생활을 하지 못하고 몸을 혹사할 때 질병에 걸릴 수도 있다. 정기적인 운동을 하지 못하고 불규칙적인 생활을 하며, 음식 조절을 잘하지 못할 때 자신도 모르게 질병이 찾아온다.

무엇보다도 우리를 어렵게 하는 것은 스트레스다. 스트레스는 건강한 사람도 질병을 갖게 하는 주원인이 된다. 목회를 하다 보면 할 말도 하지 못하고 삼켜야 하는 경우가 있다. 불편해도 불편하다고 하지 못하고 견뎌야 되는 때도 있다. 교인들은 할 말을 다 해도 목회자는 할 말을 못하고 살 때가 많다. 열 번 참다가 한번만 말 하면 그것이 흠이 된다.

믿지 않는 사람들은 술을 마시기도 하고 여행을 하기도 하고 짓궂은 짓을 하여 스트레스를 풀기도 한다. 때로는 말로나 몸으로 부딪혀 싸워 쌓인 감정을 해소하기도 한다.

그러나 목회자는 가족이나 일가친척, 혹은 친구에게도 마음속의 말을 털어 놓지 못한다. 왜냐하면 말은 금방 날개가 돋쳐 날아가 상대방에게 전해지기 때문이다. 사람이 다른 사람을 통하여 전해들은 말은 썩 좋은 기분이 들지 않는다.

목사는 항상 져야 하고, 항상 참아야 하고 이유도 없이 잘못했다고 해야 한다. 그리고 마음을 비워야 한다. 속없는 사람처럼 헤헤 하고 웃어야 한다.

목사는 항상 기도로 모든 것을 풀어야 한다. 말을 해도 약점으로 여기거나 꾸중하지 않은 하나님께 모든 마음을 털어 놓아야 한다. 그리고 하나님으로부터 새 힘을 얻어야 한다.

그래서 목사의 하는 일을 성직(聖職)이라고 한다. 스트레스가 쌓이면 질병이 된다. 어떤 사람은 술과 담배를 하지 않은 목사가 왜 협심증이 걸리고 뇌졸중이 오고 간암에 걸리느냐고 하지만 모르는 말이다. 쌓이는 스트레스를 기도로 해소하고 넓은 마음으로 이해하면 넘어 가겠으나 그렇지 못하고 쌓이면 병이 된다.

영락교회를 개척하여 대형교회로 성장시킨 한경직 목사님이 어디를 가다가 속이 비어있는 고목 앞에 서서 "나무야! 너는 몇 교회를 섬겼기에 그렇게 속이 비었느냐?" 하고 한탄하더라는 말이 있다.

04 목사는 안식년을 꼭 지켜야 한다

안식년은 목사가 얽매인 짐을 내려놓고 쉬기도 하고 모자라는 학문을 보충하기도 하고 깊은 기도로 자기 성찰의 기회를 삼을 수 있는 기회이다.

목사에게 꼭 필요한 것은 명상의 시간이다. 이러한 일들을 위하여 안식년이 필요하다. 그러나 목사가 마음 놓고 안식년을 지키는 일은 쉽지 않다. 교회는 담임 목사가 안식년을 지킬 수 있도록 최대한으로 배려해야 한다. 시간을 내어주고 재정적인 뒷받침을 하고 대타가 될 수 있는 설교자를 세워야 한다.

한 해를 다 못 쉬면 몇 달이라도 쉬어야 한다. 목사에게서 가장 유익한 것은 여행이다. 여행은 스트레스가 해소될 뿐 아니라 견문을 넓히고 사회생활을 맛볼 수 있는 좋은 기회이다. 그러나 아무에게나 여행할 수 있는 기회가 주어지는 것은 아니다. 우선 경비도 문제이고 교회를 누구에게 맡길까 하는 것도 문제다 그래서 하던 일을 쉽게 맡길 수 없어서 그냥 붙들고 있다.

피곤이 쌓이면 나태해지고 일이 쉽게 풀리지 않으므로 능력이 부족하다. 과감하게 떨치고 나서야 한다. 이것이 자기가 사는 길이고 교회가 사는 길이다.

질병에 걸리면 기도해야 한다. 하나님이 불쌍히 보시면 당신을 위하여 사명이 있는 자인고로 고쳐 주실 것이다. 그리고 현대는 의학이 발달되어 있으므로 최선을 다하여 치료를 받아야 한다. 작은 병증을 별 것 아닌 것으로 생각하고 차일피일 미루면 병이 더 커진다. 그러나 너무 과로하지 않아야 한다.

05 필자의 경험

필자는 경상도(거창, 마산)에서 7년 동안 목회한 일이 있다. 호남평야에서 자란 나로서는 경상도 지방이라 해서 낯설거나 목회에 어려움이 있는 것은 아니었지만 언어가 다르고 풍습이 다른 곳이기 때문에 대인관계에 늘 긴장해야 했다. 생활습관과 사고방식이 맞지 않는 것이 사실이지만 무엇보다도 맞지 않는 것은 음식이었다.

그러다가 여수로 임지를 옮겼다. 여수는 먹을 것이 풍족한 도시다. 바다에서 나오는 생선과 어패류와 해초가 풍부하다. 인근에 있는 100여개의 섬에서 농사를 지어 여수로 팔러 나온다. 그들은 자녀들을 중학교 까지는 섬에서 가르칠 수 있으나 고등학교부터는 여수에서 가르쳐야 한다. 이들의 소원은 여수에 아이들이 머물 수 있는 집 한 채를 마련하는 것이다. 그래서 열심히 고기를 잡고 열심히 농사를 지어 해산물과 농산물을 여수에 갖다 판다.

그 풍성한 갓과 마늘과 채소들과 생선을 마음 놓고 먹을 수 있었다. 살이 찌기 시작하였다. 100kg이 나갔다. 주위 사람들은 운동을 하고 몸 관리를 잘 하라고 하였으나 운동하는 것은 급선무가 아니었다. 운동을 하지 않아도 몸에 이상이 있는 것도 아니고 운동할 시간도 없었다. 식사하고 잠자고 일하기에 바빴다.

교회는 할 일이 많았고 총회와 노회와 시찰과 지역사회
의 일이 많았다. 그래서 몇 년을 그렇게 살다 보니 당뇨(糖
尿)가 왔다. 당뇨는 지금 당장 손을 쓰지 않아도 견딜만한
병이다. 그러나 초기에 잡지 못한 당뇨는 합병증을 준비하
고 있었다.

06 건강과 목회

1951년 7월 거창교회를 시무하던 주남선 목사와 남영
환 강도사가 함께 부산을 갔다. 주남선 목사는 시험관으로,
남영환 강도사는 시취하는 수험생으로 같은 차를 탔다. 그
러나 그 길이 주남선 목사의 마지막 길이었다. 주남선 목사
는 위암으로 복음병원에 입원하여 응급처치를 받고 앰뷸
런스로 돌아왔으나 곧 소천 하였다.

그는 세상을 떠나면서 조사로 있는 남영환의 손을 잡고
이렇게 말하였다. "남전도사, 건강이 이렇게 쉽게 무너질

줄을 몰랐네, 쉬는 것도 목회야! 쉬어 가면서 하게"

환경이나 몸이 열악하고 현실적으로 당장 대책을 세울 수 없을 때에 어떻게 해야 하는가? 무리를 해서라도 병을 고쳐야 한다. 물론 요양 때문에 주의 일을 등한시 할 수는 없다. 그러나 몸이 건강하여야 정상적인 목회를 할 수 있다.

바울 사도는 몸에 있는 질병을 좋게 해석하여 감사하였다. "여러 계시를 받은 것이 지극히 크므로 너무 자만하지 않게 하시려고 내 육체에 가시 곧 사탄의 사자를 주셨으니 이는 나를 쳐서 너무 자만하지 않게 하려 하심이라(고후12:7)."

그리고 교인들에게 양해를 구하였다.

우리가 약할 때에 너희가 강한 것을 기뻐하고 또 이것을 위하여 구하니 곧 너희가 온전하게 되는 것이라(고후13:9)."

루터도 후천적인 병마에 많이 시달렸고, 칼빈도 건강하지 못했다. 칼빈은 육신이 늘 병약하여 살 붙을 날이 없었고 걸어 다니는 종합병원이라고 할 만큼 외모도 초라했다.

교인들은 목사가 되도록이면 건강하기를 바란다.

그를 바라보는 사람들이 그가 풍기는 건강미를 받을 수

있어야 한다. 모세는 하늘나라에 갈 때에 120세였지만 80
세 부름 받을 때와 다름이 없었다. 기력이 아직도 왕성하였
고 눈이 쇠하지 않았다. 갈렙은 85세 였지만 기력이 왕성
하여 가나안 족속을 물리치고 헤브론을 정복할 수 있었다.

"있다가도 없을 수 있고, 없다가도 있을 수 있는 것이 재
물이다. 그러나 영원토록 변함없는 자본은 자신의 건강이
다(송건호/가장 정확한 자본)."

제퍼슨은 "무식한 사람도 건강을 잃은 사람보다 행복하
다."고 말하였다.

예수님 당시에도 건강을 잃어 고통당하는 많은 사람이
주님 앞에 와서 병 낫기를 구하였다. 그래서 예수님은 약한
자를 고치고 복음을 전파하였다(마4:23). 베드로는 성전미
문에 앉아 있던 사람을 고친 일에 대하여 다음과 같이 말하
였다.

"대제사장 안나스와 가야바와 요한과 알렉산더와 및 대
제사장의 문중이 다 참여하여 사도들을 가운데 세우고 너
희가 무슨 권세와 누구의 이름으로 이 일을 행하였느냐?

물을 때에 베드로가 성령이 충만하여 백성의 관리들과 장로들아 만일 병자에게 행한 착한 일에 대하여 이 사람이 어떻게 구원을 받았느냐고 오늘 우리에게 질문한다면 너희와 모든 이스라엘 백성들은 알라. 너희가 십자가에 못 박고 하나님이 죽은 자 가운데서 살리신 나사렛 예수 그리스도의 이름으로 이 사람이 건강하게 되어 너희 앞에 섰느니라. 이 예수는 너희 건축자들의 버린 돌로서 집 모퉁이의 머릿돌이 되었느니라. 다른 이로써는 구원을 받을 수 없나니 천하사람 중에 구원을 받을 만한 다른 이름을 우리에게 주신 일이 없음이라(행4:6-12).

건강을 잃었다고 해서 당장 목회를 못하는 것은 아니다.

루즈벨트는 소아마비로 몸이 온전하지 못했으나 대통령을 하였다. 송명희 시인은 몸이 뒤틀리고 말을 할 수 없었어도 그가 쓴 찬송시는 주옥같은 것들이었다.

우리는 다 건강하게 목회를 마칠 수 있도록 기도해야겠다.

20

목사의 대인관계

01 교양에 관계된 하나의 예

목사처럼 사람의 체면을 중요시 하는 직업도 없다.

하나님 앞에서 일하지만 사람을 중요시하는 직종의 하나다. 이는 자신의 지위나 명예나 이익을 위한 것이 아니라 사람의 인격을 변화시켜 주께로 인도하기 위한 방법이며 변화 과정에 있는 인간에게 상처를 주지 않기 위한 노력의 일환이다.

이것은 천국을 향하여 가고 있는 성도들에게 구원을 베푸는 주님의 뜻에 협조하기 위한 방법이며 천국까지 가는

긴 여정의 성도들에게 상처를 주지 않는 방법이다. 이는 주
께 영광 돌리는 교회로 서서 영광 돌리기 위함이다.

필자가 지방에 있을 때에 맡은 당회 산하 어느 교회에 급
한 일로 전화를 한 일이 있었다. 그런데 교역자의 목소리가
바뀌어 있었다. 목소리를 쫙 깔아 "네. ㅇㅇㅇ 목사입니다."
라고 해서 딴 사람인 줄 알았다. "ㅇㅇㅇ 목사, 나 오 목사요"
라고 했더니 당황해하면서 "네! 네! 목사님" 하고 본래의
목소리로 돌아 왔다.

그는 그 전날 노회에서 목사 안수를 받고 겨우 하루가 지
나고 있었다.

02   윗사람을 잘 모셔라

필자도 이제 은퇴할 날이 다 되어 가지만 은퇴한 선배 목
사님이나 연세 많은 장로님들에게 전화 할 때에 "나 오 목
사요."라고 한 일이 없다. "저 ㅇㅇㅇ입니다." 라고 하였다.

그리고 약간의 마음을 써서 선배 목사님들을 섬겨왔다. 부활절과 성탄일이 되면 축하카드를 20년 동안 보내왔다. 총회에 가면 생활이 어려운 선배님들에게 약간씩이지만 내 여비를 나누어 드렸다. 비록 가장 저렴한 계절이지만 여름철이면 수박 한 덩이를 사서 가까이 계시는 선배님에게 보냈다. 언젠가는 나도 늙을 것 아닌가? 그리고 외로울 것 아닌가? 그 때에 나에게 따뜻한 마음을 나누어 주는 후배가 있으면 얼마나 고마울까?

베드로 사도는 이렇게 말하였다. "젊은 자들아 이와 같이 장로들에게 순복하고 다 서로 겸손으로 허리를 동이라. 하나님이 교만한 자를 대적하시되 겸손한 자들에게는 은혜를 주시느니라(벧전5:5)."

장로(목사와 시무장로)들에게 순종하고 다 서로 겸손으로 허리를 동이라 하나님은 교만한 자를 대적하시되 겸손한 자들에게는 은혜를 주신다(벧전5:5). 모든 겸손과 온유로 하고 오래 참음으로 사랑 가운데서 서로 용납하고 평안의 매는 줄로 성령이 하나 되게 하신 것을 힘써 지키라(엡4:2-3).

하나님은 겸손한 자를 구원하신다(시149:4). 아무 일에든지 다툼이나 허영으로 하지 말고 오직 겸손한 마음으로 각각 자기보다 남을 낮게 여겨라(빌2:3).

아버지와 같은 연배는 아버지처럼 모시고 형님 같은 분은 형님처럼 모셔야 한다.

03 동료와의 사이를 잘 유지하라

옛시조에 이런 글이 있다. "잘 가노라 닫지 말고 못가노라 쉬지 말라. 가다가 중단하면 아니 감만 못하리라."

신학교를 졸업하면 동기들 가운데 어떤 사람은 축복으로 이렇다한 교회를 차고 앉아 승승장구하고 있는데, 어떤 사람은 임지도 없어 당장 생활이 어려운 것을 볼 수 있다. 그러나 그렇다고 낙심할 필요는 없다.

10년이 지나면 목회방향을 알 수 있고 20년이 지나면 자리가 잡힌다. 30년이 지나면 어떤 이는 총회적인 인물이 되는데 어떤 친구는 아직도 개척지를 하거나 잘 나가는 동기의 교회에서 부목사를 하기도 한다.

성경에는 이런 말이 있다. "너희 중에 누가 벗이 있는데 밤중에 그에게 가서 말하기를 벗이여 떡 세 덩이를 내게 빌려 달라. 내 벗이 여행 중에 내게 왔으나 내가 먹일 것이 없노라 하면 그가 안에서 대답하여 이르되 나를 괴롭게 하지 말라 문이 이미 닫혔고 아이들이 나와 함께 침실에 누웠으니 일어나 네게 줄 수가 없노라 하겠느냐 내가 너희에게 말하노니 비록 벗됨으로 인하여서는 일어나서 주지 아니할지라도 그 간청함을 인하여 일어나 그 요구대로 주리라(눅 15:5-8)."

잘 나간다고 동료들을 무시하지 말고, 잘 나가는 동료가 있다고 부러워할 필요는 없다. 목회는 긴 여정을 달려야 하는 마라톤이다.

겸손으로 허리를 동이고 동료들을 격려 위로 하면서 같이 달려 주님의 뜻을 이루 하여야겠다.

04 후배들에 대하여

오래전에 쓴 임종만 목사님의 수상집 한 권이 생각난다.

제목이 흥미로워 한 번에 읽었는데 제목은 『그러면서 한 평생 늙어 간다네』였다. 내용은 이렇다. 인천 제2교회를 개척 설립하여 대성하신 이승길 목사님에게 젊은 부목사가 찾아와 원로목사의 당면문제보다 자기의 앞날이 염려가 된 나머지 "목사님, 교인들이 이렇게 애를 먹이는데 어떻게 지나오셨습니까?" 하고 묻자 "여보게, 그러면서 한평생 늙어 간다네." 하고 함축성 있는 한 마디를 남기셨다. 이것이 그분의 목회 성공의 비결이 아닐까?(임종만, 그러면서 한평생 늙어간다네, 한국기독교교육연구원, 서울 용산구 35-14, 1982, p 294).

신학대학원을 다닐 때라고 생각된다. 경건회에 초청 받아 설교하신 고 이환수 목사(청파동교회)님은 강단에 올라서자마자 청중을 한번 둘러보시더니 "매도 일찍 맞는 것이 좋은데 이것들 불쌍해 죽겠네." 하고 하였다.

한국에서 이렇다 하는 교회의 이렇다 하는 목사를 모델로 삼아 대성해 보겠다고 출발하는 병아리 목사들이 사회에 나가면 부딪히는 것이 많고 규제받는 일이 많다. 그래서 성격과 의욕과 심지어는 신앙까지도 다 무디어져 선배들과 다름없는 길을 가게 된다.

우선 임지가 문제다. 해마다 3천여 명의 신학생들이 배출되지만 한국교회의 수용인원은 절반에도 못 미친다. 장립 받은 목사들이 목회를 제대로 하지 못하고 엉뚱한 일에 세월을 보낸다. 생업을 위하여 밤에 대리운전을 하는 후배들도 있다고 한다. 주의 일을 해야 하는 목사가 술 먹은 사람을 실어다 주고 몇 푼 받는 것으로 살아가야하는 현실이 안타깝다. 교회마다 교인이 증가하여 교회가 확장되어야 하는데 한국교회의 양상은 날로 줄어드는 처지에 있다.

바늘귀 같은 문을 통과하여 간신히 자리 잡은 목회 현장에서는 문제가 많이 발생한다. 신학교에서 배웠다고는 하나 현장의 대인관계, 각종 서식과 공문 처리 문제, 노회와 총회의 정치, 각종 사회문제 등이 발생하면 당황하게 된다.

젊은 목사는 성경과 헌법과 총회 규칙, 노회 규칙을 많이 읽어 보아야 한다.

그리고 되도록이면 발언하지 않고 귀추를 주목하여야 한다. 필자는 후배들에게 법은 지키되 사람은 다치지 않도록 하고 법은 지키라고 부탁하고 싶다. 일을 처리함에 있어서 안하무인격으로 처리하여 후배들에게 상처를 주면 그 상처는 평생을 간다. 그는 나보다 큰 목회를 할 사람이요 총회장을 할 인물이 될 것이다. 동료는 어려운 조건하에서도 짐을 같이 지고 가야할 '동역자' 들이다. 서로를 돕고 서로를 이해하여 마지막 날까지 선한 싸움을 싸워야 하겠다. 바울은 이들을 동역자라고 했고(몬1:1, 17, 24, 롬16:3, 9, 21, 고후8:23, 빌4:3) 하나님의 동역자라고 하였다(고전3:9).

05 목사와 교인

우리가 알아야 할 것은 주님 앞에 갔을 때에 몇 명 모이는 교회를 어떻게 목회했느냐가 중요한 것이 아니라 얼마나 성실하게 목회를 했느냐가 중요하다.

누가복음 15장에는 주님이 어린 양을 찾는 3가지 비유가 나온다. 하나는 양 1백 마리가 있는데 그 중에 잃어버린 한 마리를 찾는 것이고 또 하나는 동전 10개중 잃어버린 하나를 찾는 것이고 또 하나는 두 아들 중 말썽꾸러기 탕자를 찾는 이야기다. 그런데 이 세 가지는 공통점이 있다. 하나는 찾도록(찾을 때 까지) 찾는 다는 것이고 또 하나는 찾으면 잔치를 베푼다는 것이다. 세 가지다 수지를 따져보면 맞지 않다. 잔치 비용이 잃어버린 것보다 더 많기 때문이다. 그러나 이것을 설명하기를 "죄인 한 사람이 회개하면 하늘에서는 회개할 것 없는 의인 아흔아홉으로 말미암아 기뻐하는 것보다 더하리라(눅 15:7)"고 했고, "죄인 한 사람이 회개하면 하나님의 사자들 앞에 기쁨이 되느니라(눅 15:10)"고 했고, "내 아들은 죽었다가 다시 살아났으며 내가 잃었다가 다시 얻었노라(눅10:24)"고 했다. 죄인의 회개와 구령(救靈)운동의 중요성에 대하여 말한 구절이다.

목사의 임무는 주님께서 귀히 여기시는 영혼을 구원시키는 일을 수종들기 위하여 왔다. 그러므로 이에 관계된 일을 위하여 최선을 다 하여야 한다.

주 여호와께서 학자들의 혀를 내게 주사 나로 곤고한 자를 말로 어떻게 도와 줄 줄을 알게 하시고 아침마다 깨우치시되 나의 귀를 깨우치사 학자들 같이 알아듣게 하시도다(사 50:4).

21

목사의 말년정리

일반 직장이 그렇듯이 목사에게도 정년이 있다. 건강이나 영역, 혹은 목회 능력에 개인차가 있지만 그래도 대개는 70을 정년으로 은퇴를 한다. 일반 직장에 비하여 사례(봉급)가 작은 편이지만 그래도 오래 하게 되는 직장이다. 청운의 꿈을 품고 시작하였으나 소기의 목적은 커녕 이렇다 할 성과도 거두지 못함이 하나님에게는 죄스럽고 사람들에게는 부끄러우나 가는 세월은 막을 수 없어 무사히 은퇴하게 됨을 감사하면서 자리를 떠야 한다. 호랑이를 그리려고 마음먹었으나 고양이를 그리고 말았다.

성경에 성직자의 은퇴가 어디 있느냐는 말도 하지만 교

회의 건강을 위하여, 그리고 후배들에게 길을 열어 주기 위하여 은퇴는 해야 한다. 목사가 은퇴하면 당장 할 일이 없다. 70이 넘으면 등산이나 관광도 건강이 따라 주지 않는다. 주님이 부르시는 날을 기다리며 세월을 보내야 하는데 목사는 시간이 남아도 쉬지 못하는 병이 있다. 새벽기도는 해야 되고 성경은 읽어야 하고 예배는 빠지지 않아야 한다.

믿지 않는 사람들과 같이 모여서 화투놀이를 하거나 바둑을 놓으며 시간을 보낼 수도 없다. 목사는 늙어도 품위를 지켜야 하기 때문이다. 그렇다고 후배들이 열심히 목회하는 현장을 기웃거리면 그들에게 부담을 준다. 그래서 은퇴 목사들은 은퇴한 후 예배드릴 처소가 없어서 곤란이라고 한다.

교회는 원로(은퇴) 목사가 은퇴 후에도 자유롭게 교회를 출입할 수 있도록 길을 열어 주어야 한다. 은퇴 목사가 앞으로 살아갈 날을 예비 한다고 섬기던 교회에 폐를 끼치고 막보기를 할 게 아니라 풍성히 주시고 앞길을 예비하시는 하나님을 믿고 신사도를 지켜야 한다. 그러면 목사가 말년

까지 할 일이 생긴다.

예전에 섬겼던 교회의 장례식이나 주례를 한다든지 사회의 중요한 일을 협조할 수도 있다. 어떤 은퇴목사는 은퇴 후에 시간에 얽매이지 않고 차분하게 성경을 읽었더니 1년에 6독을 하였다고 한다. 그리고 하는 말이 "다시 목회를 한다면 지금보다 더 잘 할 수 있을 것 같다."고 하였다.

목사는 상담교실을 열어 놓고 결혼 상담, 인생 상담, 교회 상담을 할 수도 있다.

그 풍성한 경험과 지식을 사장(死藏)시키기엔 아깝지 않은가? 건강과 영역이 부족함으로 포기할 것이 아니라 끝까지 정신을 차리고 달려갈 길을 가야 한다. 그러면 후배들에게 귀감이 되고 섬기던 교회에 부담이 되지 않을 것이다.

때가 이르리니 사람이 바른 교훈을 받지 아니하며 귀가 가려워서 자기의 사욕을 따를 스승을 많이 두고 또 그 귀를 진리에서 돌이켜 허탄한 이야기를 따르리라. 그러나 너는 모든 일에 신중하여 고난을 받으며 전도자의 일을 하며 네 직무를 다하라. 전제(관제)와 같이 내가 벌써 부어지고 나의 떠날 시각이 가까웠도다. 나는 선한 싸움을 싸우고 나의 달려갈 길을 마치고 믿음을 지켰으니 이제 후로는 나를 위하여 의의 면류관이 예비 되었으므로 주 곧 의로우신 재판장이 그 날에 내게 주실 것이며 내게만 아니라 주의 나타나심을 사모하는 모든 자에게도니라(딤후4:3-8).

우리는 기도해야 한다.

"나의 말이 나의 하나님이여 나의 중년에 나를 데려가지 마옵소서 주의 년대는 대대에 무궁하니이다(시102:24)."

늙어도 젊어지는 수가 있다. 천국에는 신앙의 진액이 나온다.

"강 좌우 가에는 각종 먹을 실과나무가 자라서 그 잎이 시들지 아니하며 열매가 끊이지 아니하고 달마다 새 열매를 맺으리니 그 물이 성소를 통하여 나옴이라. 그 열매는 먹을 만하고 그 잎사귀는 약 재료가 되리라(겔47:12)."

그러므로 죽도록 충성하라 그리하면 내가 생명의 면류관을 네게 주리라(계2:10). 아멘!

집필을 마치고

쉽고 당연한 글이지만 상당히 힘이 들었다.

책을 낼 때마다 따르는 것은 오자(誤字)요 틀린 부분이다.

어떤 때는 '이해하겠지' 하면서도 내놓고나면 부끄럽기 짝이 없다.

역시 호랑이는 그리지 못하고 고양이를 그린 것 같다.

읽고 혹시 감동이 되는 분은 국민은행 781402-04-077347 혹은 같은 은행 781401-04-020922로 내키는 대로 보내주시면 다음 2권을 제작하는데 도움이 되겠다.

목사가 목사에게

초판 1쇄 인쇄 2013년 05월 22일
초판 1쇄 발행 2013년 05월 27일

지은이 오윤표
발행인 이명수
발행처 도서출판 세줄

등록번호 2-4000

서울시 중구 인현동 1가 115-1

☎ 02)2265-3748~9

값 10,000 원

● 저자와 협의하여 검인을 생략함.

● 이 책의 일부라도 저자나 출판사의 허락없이 사용할 수 없습니다.

ISBN 978-89-92211-80-2   03230

Korean Copyright © 2013
Seajul Publishing Co.
Seoul, Korea